Dr. Judith Roth

Warum heben Hunde beim Pinkeln das Bein?

Tiere. Ein Wissensbuch für Kinder

Lesen macht klug!

Band 2

Bibliografische Information der Deutschen Nationalbibliothek: Die Deutsche Nationalbibliothek verzeichnet diese Publikation in der Deutschen Nationalbibliografie; detaillierte bibliografische Daten sind im Internet über dnb.dnb.de abrufbar.

© Dr. Judith Roth
Erste Auflage

Kontakt:
Dr. Judith Roth
Enge Straße 2b
27572 Bremerhaven
mail@judith-roth.de

Umschlagfoto und Innenseiten
designed mit: ChatGPT/ Canva Pro

Verlag:
BoD · Books on Demand GmbH, Überseering 33, 22297 Hamburg, bod@bod.de
Druck:
Libri Plureos GmbH, Friedensallee 273, 22763 Hamburg
ISBN: 978-3-7583-2622-6

Dieses Buch gehört

_____

INHALT

INHALT

INHALT

HALLO!

Willkommen zu unserer Tier-Expedition!
Schön, dass du da bist!

Ich bin Judith. Vielleicht kennst
du mich schon. Denn ich habe
bereits ein Buch über den
Weltraum geschrieben.
In diesem Band hier erfährst du
jede Menge über Tiere. Es sind
Fragen, die nicht überall
beantwortet werden. Und auf die
Papa oder Mama nicht immer eine Antwort haben.

Ich schreibe schon seit 2007 Texte für Kinder. Viele der
Fragen hier im Buch haben mir Kinder geschickt. Das
finde ich immer besonders toll. Denn Kinder haben
oftmals Fragen, auf die ich gar nicht komme. Wenn du
auch mal was wissen willst, kannst du mir eine Mail
(mail@judith-roth.de) schicken. Ich freue mich darüber.
Und vielleicht kommt deine Frage dann in mein nächstes
Buch.

Dieses Buch hier gehört zur Reihe „Lesen macht klug!".
Ich plane noch weitere Bände. Du darfst dich also auf
noch mehr Lesestoff freuen. Ganz wichtig: Hier gibt es
nicht nur spannende Texte, sondern auch jede Menge
Rätsel. Wenn du eine Antwort mal nicht weißt, findest du
sie in den Texten. Mit QR-Codes kannst du daneben
auch Spannendes entdecken. Zum Beispiel kannst du im
Video sehen, wie eine Giraffe geboren wird.

Viel Spaß damit!

WARUM HABEN TIGER STREIFEN?

Einem Tiger begegnen wir bei uns nur im Zoo oder im Safaripark. Die großen Katzen sind superschnell. Und sie haben Streifen. Doch wofür sind die gut?

Tiger sind die größten Katzen, die es gibt. Sie leben in freier Wildbahn nur in Asien, zum Beispiel in Indien oder Thailand. Die Tiere schaffen bis zu 60 Stundenkilometer, wenn sie rennen. Das ist mehr als wir Menschen mit dem Auto in der Stadt fahren dürfen.

Tiger fressen ausschließlich Fleisch. Sie jagen zum Beispiel Hirsche und Wildschweine. Aber auch Vögel, Affen, Reptilien oder junge Elefanten, Nashörner und Krokodile stehen auf ihrem Speiseplan. Die Streifen auf ihrem Fell sind nützlich für sie. Denn mit ihnen fallen sie weniger auf.

Wenn sie im Gras oder im Unterholz umher pirschen, sind sie für andere schlecht zu sehen. Jeder Tiger hat übrigens seine eigene Zeichnung. Das ist wie bei uns Menschen. Auch wir sehen unterschiedlich aus und haben so einzigartige Merkmale wie zum Beispiel den Fingerabdruck.

Bedrohte Tiere

Tiger sind vom Aussterben bedroht. Wenn wir sie nicht besser schützen, dann verschwinden sie immer mehr. Das hat verschiedene Gründe. Zum einen nehmen Menschen ihnen den Lebensraum. Außerdem werden die Tiere gejagt. Die Menschen wollen zum Beispiel ihr Fell haben. Viele Menschen glauben aber auch, dass der Tiger heilende Kräfte hat. Deswegen wird Jagd auf ihn gemacht. In China zum Beispiel werden hohe Preise für die Tiere bezahlt. Neben dieser Wilderei werden die Tiere auch verkauft, obwohl das verboten ist. Der Javatiger, der Balitiger und der Kaspische Tiger sind bereits ausgestorben.

Aus dem Hinterhalt

Tiger jagen übrigens abends in der Dämmerung und nachts. Obwohl sie schnell sind, sind sie oftmals nicht erfolgreich. Nur etwa jede zehnte Jagd endet mit einem Festmahl. Tiger schleichen sich leise an und greifen aus dem Hinterhalt an.

Gefährliche Tiere

Tiger sind für den Menschen durchaus gefährliche Tiere. Sie greifen uns mitunter an. Normalerweise gehen sie dem Menschen aber aus dem Weg. Honigsammler oder Holzfäller aber sind bereits getötet worden.

Üblicherweise haben sich die Menschen dann im Revier der Katzen aufgehalten. Taucht ein Tiger immer wieder in der Nähe eines Dorfes auf, dann wird er meist erschossen. Die Menschen fürchten, angegriffen zu werden.

Warum Tiere einen Schwanz haben, liest du auf Seite 51.

Nicht wegrennen

Wer einem Tiger in freier Wildbahn begegnet, soll auf keinen Fall wegrennen. Denn dieses Rennen verlieren wir Menschen. Wir sind einfach nicht schnell genug. Empfohlen wird, aufrecht stehen zu bleiben und dann langsam nach hinten den Rückzug anzutreten. Die Menschen sollen sich nicht zusammenkauern oder kleiner machen. Dann können sie erst recht als Beute eingestuft werden. Wer kann, kann sich auch auf einen Baum retten. Tiger können nicht gut klettern.

SCAN ME

Scanne den Code und erfahre noch mehr über Tiger.

Was fressen Tiger?

- **A** Kakteen
- **B** Fleisch
- **C** Akazienblätter

Was sind die größten Katzen der Welt?

- **A** Löwen
- **B** Geparden
- **C** Tiger

Richtige Antwort: B Fleisch; C Tiger

WIE ÄNDERT DAS CHAMÄLEON SEINE FARBE?

Beobachten Kinder im Zoo ein Chamäleon, dann können sie es sehen: Die Tiere verändern mitunter blitzschnell ihre Farbe. Wie aber machen sie das?

Chamäleons sind besondere Tiere. Viele Leute glauben, dass sie ihre Farbe wechseln, um sich zu tarnen. Oftmals aber geht es um etwas anderes.

Experten wissen: Chamäleons wechseln ihre Farbe, um den anderen Chamäleons zu zeigen, wie es ihnen geht.

So können diese erkennen, ob ein Chamäleon müde ist oder gerade Angst hat. Chamäleons können anderen so auch zeigen, ob sie sich unterwerfen.

Oder sie fragen, ob sie sich paaren können. Die Chamäleons spielen auch mit der Farbe, wenn ihnen zu kalt ist. Sind sie dunkler, dann wärmt sie die Sonne mehr auf.

Mehrere Hautschichten

Chamäleons wohnen überwiegend auf Bäumen und Sträuchern. Sie kommen in Afrika, Asien sowie im Mittelmeerraum vor. Die Haut des Chamäleons besteht aus mehreren Schichten. In den Schichten sind Farbzellen. Zellen sind die Bausteine des Körpers. In der obersten Hautschicht sind beim Chamäleon sogenannte Karotine. Sie können für gelbe und orangefarbene Töne sorgen. In der Schicht darunter sind Melanine. Die sorgen dafür, dass das Chamäleon braun oder schwarz aussehen kann. Die unterste Schicht reflektiert das Licht, wodurch Blautöne entstehen.

Farbzellen

Wie wir das Chamäleon sehen, hängt von den Farbzellen ab. Es kommt darauf an, wie gut sie in einem bestimmten Moment ausgefüllt sind. Denn die Farbstoffe können sich bei Bedarf auch zusammenziehen. Sind die Farbstoffe in der obersten Schicht wenig ausgebreitet, dann kommt die darunter liegende Schicht zum Vorschein.

Sind die Zellen dort auch wenig mit Farbstoff ausgefüllt, kommt die dritte Schicht zum Einsatz. Je nachdem, hat das Chamäleon für uns eine andere Farbe. Sind in allen Hautschichten die Farbstoffe stark ausgeprägt, dann sehen wir ein dunkles bis schwarzes Chamäleon.

SCAN ME

Scanne den Code und schaue ein Video mit 15 Chamäleon-Fakten.

SO NUTZT DU DIE QR-CODES

In diesem Buch findest du QR-Codes. Wenn du sie scannst, kannst du Bilder und Videos anschauen oder etwas spielen. Hier liest du, wie alles funktioniert:

1 Richte deine Handykamera auf den QR-Code im Buch.

2 Dein Smartphone fragt, ob du eine Internetseite öffnen willst.

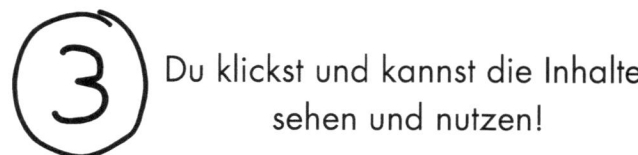

3 Du klickst und kannst die Inhalte sehen und nutzen!

Finde den Fehler!

Diese zwei Bilder sind nicht genau gleich.
Entdeckst du fünf Unterschiede? Kreise sie ein. Die
Lösung findest du auf der nächsten Seite.

LÖSUNG

WOHER HAT DER OHRENKNEIFER SEINEN NAMEN?

Ohrenkneifer finden viele Menschen nicht so schön. Manche glauben sogar, dass das Tier in ihre Ohren krabbeln kann. Ist da was dran?

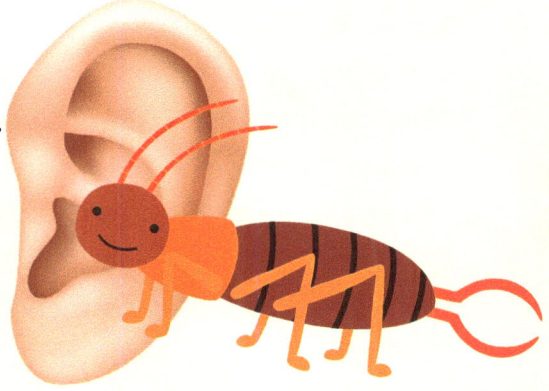

Experten sagen, dass es sich um sehr nützliche Tiere handelt, die in unserem Garten vorkommen. Angst müssen wir nicht vor ihnen haben. Sie krabbeln uns nicht ins Ohr, wenn wir schlafen. Manche Menschen erzählen sich das. Sie behaupten, die Insekten würden dort Eier legen oder das Trommelfell durchbeißen. Das aber stimmt nicht.

MERKE!
Ohrenkneifer werden auch Ohrwürmer genannt. Sie heißen auch Ohrenfitzler, Ohrenklemmer, Ohrenzwicker oder Ohrlaus.

Ohrenkrankheiten

Seinen Namen hat der Ohrenkneifer, weil er früher genutzt wurde, um Ohrenkrankheiten zu heilen. Die Tiere wurden gesammelt und zu Pulver gemahlen. Wer Beschwerden mit den Ohren hatte oder gar taub war, sollte so Hilfe kriegen.

Kleine Krabbler

Ohrenkneifer werden bis zu 25 Millimetern lang. Es gibt aber auch größere Arten. Nur wenige Ohrwürmer können fliegen. Meistens handelt es sich um kleine Krabbler. Die Tiere sind rotbraun und haben am Kopf lange Antennen. Am Hinterleib sitzen Zangen. Bei den Weibchen sind diese gerade, bei den Männchen sind sie gebogen. Mit diesen Zangen können Ohrenkneifer kleine Insekten jagen. Sie werden aber auch genutzt, um sich zu verteidigen. Können Ohrwürmer fliegen, dann helfen die Zangen ihnen dabei, ihre Flügel auszubreiten.

Nützliches Insekt

Der Ohrenkneifer ist ein nützliches Insekt. Kommt er nachts heraus, dann frisst er Blattläuse und andere Schädlinge. Gärtner freuen sich somit über die Tiere. Obst fressen die Ohrenkneifer nicht an, weil die Schale zu hart für sie ist. Finden wir trotzdem mal einen Ohrenkneifer im Apfel oder in anderen Früchten, dann sind die Tiere in den Gängen anderer unterwegs.

Nachtaktiv

Der Ohrenkneifer sucht tagsüber Schutz, zum Beispiel unter Steinen, Töpfen oder in der Rinde von Bäumen. Nachts krabbelt er dann heraus und wird aktiv. Die Tiere leben nicht nur in unserem Garten. Sie kommen auch im Park oder am Waldrand vor. Wer für die Ohrenkneifer einen Nistschutz bauen möchte, nimmt einfach einen alten Blumentopf und kleidet ihn mit Stroh aus. Der Topf wird kopfüber hingestellt. Ohrenkneifer haben auch Feinde. Dazu zählen Vögel, Raubinsekten und Spinnen.

Vervollständige diesen Satz:

O_r_nk_e_f_ _ w_r_ _n a_ch
O_rw_r_ _r g_n_n_t.

SIND MAULWÜRFE WIRKLICH BLIND?

„Du bist blind wie ein Maulwurf!" - das kriegen Menschen zu hören, wenn sie etwas übersehen haben. Doch wie ist das eigentlich? Sehen die kleinen Tiere wirklich nichts?

Maulwürfe sind nicht blind. Aber gut sehen können sie nicht. Das ist auch nicht nötig. Denn die kleinen Tiere leben in Gängen unter der Erde. Wir merken es nur, wenn auf der Wiese plötzlich kleine Erdhügel liegen.

Diese Maulwurfshügel entstehen, weil der Maulwurf Erde nach oben schafft. Er gräbt Räume, in denen er schlafen und seine Vorräte aufbewahren kann. Der Maulwurf gräbt nicht mit dem Maul, obwohl wir das aufgrund seines Namens denken können. Der Maulwurf nutzt seine Hände fürs Graben.

Der Name Maulwurf kommt wahrscheinlich vom althochdeutschen Wort Moltewurf. Molte bedeutet Erde.

Keine Ohrmuscheln

Die Augen des Maulwurfs sind sehr klein. Sie sind fast unter dem Fell verborgen. Daneben haben die Tiere keine Ohrmuscheln so wie wir. Die Gehörgänge sind mit einem Hautlappen bedeckt. Der Maulwurf kann hervorragend riechen und tasten. Zudem spürt er Erschütterungen. Wenn wir über die Wiese laufen, bekommt er es mit.

Gesunder Boden

Ist ein Maulwurf da, zeigt das, dass der Boden gesund ist. Es leben viele kleine Lebewesen dort. Der Maulwurf frisst Schädlinge. Er mag zum Beispiel Schnecken und die Larven von Schnarken. Allerdings frisst er auch Regenwürmer, die für den Boden ja nützlich sind. Doch die Würmer vermehren sich gut. So ist es kein Problem, wenn Maulwürfe unter der Erde auf sie Jagd machen.

Patrouille

Der Maulwurf jagt, indem er genau hinhört. Er spitzt die Ohren. Nimmt er irgendwo Geräusche von einem Regenwurm oder von Larven in seinen Gängen wahr, dann flitzt er hin und schlägt zu. Alle drei bis vier Stunden geht der Maulwurf zudem noch auf Patrouille. Er schaut, ob sich in seinen Gängen etwas tut.

WAS SIND GEWITTERTIERCHEN?

Im Sommer können sie ganz plötzlich auftauchen: Gewittertierchen. Sie landen auf unserer Kleidung oder unserer Haut. Doch wo kommen sie eigentlich her?

Biologen nennen die kleinen schwarzen Insekten Thripse. Wie ihr Name es schon sagt, tauchen sie auf, wenn ein Gewitter am Himmel aufzieht. Die Winzlinge sind keine guten Flieger. Eigentlich können sie kaum fliegen. Experten sagen, sie nutzen Aufwinde, um sich in der Luft zu halten. Bei Temperaturen von über 20 Grad Celsius steigen sie nach oben. Viele von ihnen sind dann in mehreren Kilometern Höhe in der Luft. Wir sehen sie nicht. Doch wie kommt es, dass sie dann doch plötzlich mal zu Scharen unten am Boden sind?

Helle Kleidung

Das passiert, wenn ein Gewitter aufzieht. Die Thripse sinken plötzlich hinab. Sie versuchen dann, auf der Erde zu landen. Jeder Ort ist ihnen dabei willkommen. Oft landen sie auf heller Kleidung oder unserer nackten Haut. Sie nehmen auch Tische oder Stühle, die im Garten stehen.

Veränderte Feldstärke

Warum die Gewittertierchen bei Gewitter plötzlich hinabsinken, ist nicht genau erforscht. Experten glauben aber, dass die sogenannte elektrische Feldstärke in der Luft der Auslöser ist. Die verändert sich bei einem Gewitter. Bei schönem Wetter beträgt die elektrische Feldstärke 100 bis 300 Volt pro Meter. Entsteht ein Gewitter, so steigt sie an und kann bis zu 50.000 Volt pro Meter erreichen. Dann drohen Blitz und Donner.

Ohne Einfluss

Dass die Tierchen auch auf uns Menschen landen, geschieht rein zufällig. Die Thripse werden vom Wind getragen und können nur schlecht ihre Flugrichtung bestimmen. Ist es sehr windig, haben sie eigentlich keinen Einfluss mehr darauf, wo sie runterkommen.

SEHEN ELEFANTEN IMMER GLEICH AUS?

Viele Kinder mögen im Zoo die Elefanten. Mit ihrem Rüssel und den großen Ohren sind sie besonders beliebt. Doch wie ist das eigentlich? Sehen Elefanten immer gleich aus? Oder gibt es da Unterschiede?

Elefanten sind die größten noch lebenden Landtiere auf der Erde. Schon bei der Geburt kommen sie auf bis zu 100 Kilogramm. Das ist mehr, als viele Frauen und Männer wiegen. Ist ein Elefant ausgewachsen, dann kann er über fünf Tonnen auf die Waage bringen. Das ist dann in etwa so viel wie vier Autos zusammen.

Experten unterscheiden bei den Elefanten unterschiedliche Arten. Sie kennen die Afrikanischen Elefanten und die Waldelefanten, die beide in Afrika vorkommen.

Unterschiedliches Aussehen

Außerdem gibt es den Asiatischen Elefanten, der in den Ländern Asiens lebt, also zum Beispiel in Indien oder in Thailand. Da es verschiedene Arten gibt, sehen Elefanten im Zoo auch nicht immer gleich aus. Es gibt Unterschiede.

Rüsselfinger

Sind wir im Zoo und wissen nicht, mit welchen Elefanten wir es zu tun haben, dann können wir auf ihren Rüssel schauen. Mit dem Rüssel riechen die Elefanten nicht nur. Er ist für sie auch ein Werkzeug. Elefanten können damit tasten und greifen. An ihrem Rüssel haben die Elefanten sogenannte Rüsselfinger. Mit diesen kann der Rüssel verschlossen werden - zum Beispiel, wenn der Elefant Wasser aufgesaugt hat. Anhand der Rüsselfinger lässt sich erkennen, ob es sich um einen afrikanischen oder einen asiatischen Elefanten handelt. Der afrikanische Elefant hat zwei dieser Rüsselfinger. Asiatische Elefanten haben nur einen.

SCAN ME

Scanne den Code und vergleiche deine Größe mit der eines Elefanten.

Kuhle am Rücken

Afrikanische und asiatische Elefanten unterscheiden sich auch noch durch andere Dinge. So ist der Rücken der asiatischen Elefanten gerade beziehungsweise leicht nach oben geformt. Bei den afrikanischen Elefanten ist es genau gegensätzlich. Sie haben eine Kuhle am Rücken. Daneben unterscheiden sich die Elefanten auch bei ihren Ohren. Die Ohren der afrikanischen Elefanten sind viel größer als die der asiatischen Elefanten. Auch beim Gewicht gibt es deutliche Unterschiede.

Körperwärme

Dass afrikanische Elefanten größere Ohren haben, hat seinen Grund: Die Tiere geben über sie Körperwärme ab. Für Menschen wie für Tiere ist es gefährlich, wenn ihre Körpertemperatur zu heiß wird. Menschen schwitzen, um ihren Körper abzukühlen. Dabei verlieren sie Wasser, das auf der Haut kühlend wirkt. Elefanten dagegen fächeln sich mit ihren Ohren Luft zu und verschaffen sich so Kühlung. Nebenbei verscheuchen sie so auch lästige Insekten. Elefanten haben am übrigen Körper eine dicke Haut, die die Temperatur im Körper hält. An den Ohren ist die Haut dünn und gut durchblutet. Über die Ohren können Elefanten daher viel Wärme abgeben. Da es in Afrika heiß ist, haben afrikanische Elefanten die größeren Ohren. Je größer die Fläche, desto mehr Körperwärme können sie ableiten.

Wortschlange!

Findest du das hier versteckte Wort?
Du kannst waagrecht ← →
oder senkrecht ↕ laufen.
Der erste Buchstabe
ist markiert.

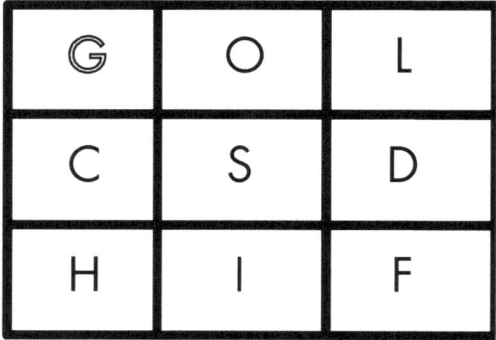

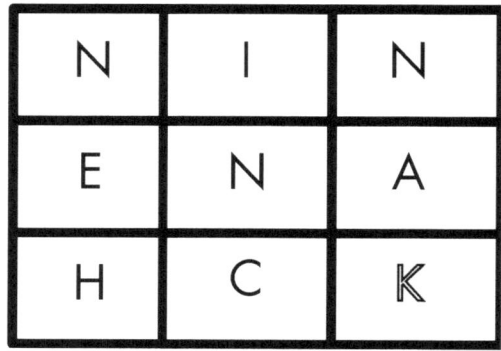

WELCHES WORT
IST GESUCHT?

Ein Wort kann zwei Bedeutungen haben...

Krawattenersatz   Insekt

Kleid des Vogels   Schreibgerät

Niete beim Kegeln   Hunderasse

Richtige Antworten: Fliege, Feder, Pudel

Kannst du das Bild vervollständigen?

WELCHE VÖGEL ZWITSCHERN MORGENS?

Wenn wir morgens aufwachen, können wir es hören: Vogelgezwitscher. In unseren Gärten ist bereits jede Menge los. Doch welcher Piepmatz singt wann?

Vögel singen meist nur in der Brutzeit. Ab dem späten Winter bis Ende Juli geben sie morgens ein Konzert. Üblicherweise sind es die Männchen, die singen. Sie wollen anderen Männchen so zeigen, dass dies ihr Revier ist. Außerdem wollen sie ein Weibchen anlocken, um sich mit ihm paaren zu können. Wenn dies geschieht, brüten die beiden schließlich. Und es gibt Nachwuchs. Kleine Vögel wachsen dann heran.

Vor Sonnenaufgang

Wenn wir morgens aufwachen, können wir das Vogelgezwitscher bereits hören. Denn der Gesang der Männchen beginnt schon vor dem Sonnenaufgang. Außerdem singen viele Arten morgens am intensivsten.

Vogeluhr

Naturschützer haben eine Vogeluhr gebastelt, an der Menschen ablesen können, welcher Vogel wann singt. Sie sagen: Die Piepmätze orientieren sich am Sonnenaufgang. Manche sind schon deutlich eher dran, zum Beispiel der Gartenrotschwanz. Er singt von April bis Juli jeden Morgen, und zwar schon rund 80 Minuten, bevor die Sonne aufgeht. 70 Minuten vor Sonnenaufgang stimmt der Hausrotschwanz mit ein. Weitere zehn Minuten später kommt die Rauchschwalbe. Es folgen die Singdrossel, der Kuckuck und das Rotkehlchen. Auch die Amsel, die Goldammer

Scanne den Code und hole dir die Vogeluhr.

und der Zaunkönig sind vor Sonnenaufgang schon zu hören. Der Star und der Buchfink sind nah am Sonnenaufgang dran. Sie stimmen in das Konzert 15 Minuten beziehungsweise 10 Minuten zuvor ein.

Immer gleich

Das Konzert läuft jeden Morgen gleich ab. Denn die Vögel beginnen immer in derselben Reihenfolge. Wer die Vogelstimmen lernen will, fängt am besten früh morgens an und guckt, welcher Vogel nach und nach dazu kommt. Stehen wir später auf, ist bereits eine Vielzahl an Vogelstimmen hörbar. Dann wird es für Ungeübte schwierig, die Tiere auseinanderzuhalten.

Da die Vögel sich am Sonnenaufgang orientieren, hören wir die Stimmen im Frühjahr fortschreitend früher und früher. Außerdem sind die Vögel im Osten eher dran als im Westen. Denn im Osten geht die Sonne eher auf.

Gibt es Vögel, die nie landen? Mehr erfährst du auf Seite 101.

Schreibe hier eine kurze Geschichte
über Haustiere. Dies muss vorkommen:
Hund, Spielzeug, Haufen, Opa Hans

WIE HEISST DAS SCHWERSTE TIER DER ERDE?

Der Elefant? Die Giraffe?
Was ist das schwerste
Tier der Welt? Es ist der
Blauwal.

Wale sind Säugetiere. Ihre
Vorfahren sind vom Land ins Wasser
umgezogen. Das ist schon viele Millionen
Jahre her. Als die Wale entstanden sind, gab es noch
keine Menschen auf der Erde. Die Tiere müssen zum
Atmen auftauchen. Sie haben keine Kiemen wie Fische,
sondern Lungen, so wie wir Menschen.

Wenn ein Walbaby geboren wird,
schiebt die Mutter es schnell an die
Wasseroberfläche, damit es Luft
holen kann.

Milch fürs Baby

Die Walkuh füttert ihr Kalb mit Milch, so wie alle anderen Säugetiere auch. Wale gibt es in allen Meeren der Erde. Sie sind oft in Gruppen unterwegs. Forscher nennen diese Gruppen auch Schulen. Bei Blauwalen ist das anders. Sie sind Einzelgänger. Muttertiere haben ihre Babys aber dabei. Blauwale kommen ebenfalls in allen Ozeanen vor. Sie gelten als die schwersten Tiere der Erde. Sie können bis zu 33 Metern lang sein und bis zu 200 Tonnen wiegen. Eine Tonne sind 1000 Kilogramm. Somit wiegen die Tiere rund 200.000 Kilogramm - mehr als 140 Autos. Allein das Herz kommt auf rund 600 Kilogramm und mehr. Blauwale sind dunkel-blaugrau. Sie haben am Körper helle Flecken.

Bartenwale

Blauwale sind sogenannte Bartenwale. Sie haben keine Zähne, sondern Barten. Das sind Platten aus Horn, die eng nebeneinander im Maul des Wals hängen. Sie wirken wie ein Filter: Die Wale lassen Meerwasser in ihr Maul strömen und pressen es durch die Barten wieder hinaus. Dabei bleiben kleine Krebse und Fische in den Hornplatten hängen. Die machen den Blauwal satt.

SCAN ME

Scanne den Code und erfahre, wie Wale sprechen.

WIE VIELE STREIFEN HABEN ZEBRAS?

Im Zoo können wir sie sehen: Zebras und Giraffen. Die einen haben Streifen, die anderen Flecken. Doch sind das eigentlich immer gleich viele?

Forscher hat die Frage lange beschäftigt, warum Zebras Streifen haben. So glaubten manche Wissenschaftler zunächst, dass die Tiere sich mit den Streifen Abkühlung verschaffen können. Andere gingen davon aus, dass sie sich damit tarnen. Löwen zum Beispiel sehen sie so nicht so gut. Heute wissen die Männer und Frauen: Viel wahrscheinlicher ist, dass die Streifen mit der Tsetse-Fliege zu tun haben. Die Fliege überträgt eine schlimme Krankheit. Die Krankheit heißt Schlafkrankheit.

Ein Schutz

Forscher haben festgestellt, dass die Insekten gestreifte Muster meiden. Sie setzen sich lieber auf eintöniges Fell, wie es zum Beispiel Pferde haben. Zebras können sich mit ihrem Fell also vor ihnen schützen. Die Wissenschaftler fanden in der Tsetse-Fliege auch recht wenig Zebrablut. Das spricht für ihre Annahme.

Anzahl unterschiedlich

Zebras haben nicht alle gleich viele Streifen. Während das Grevyzebra etwa 80 Streifen hat, hat das Bergzebra nur etwa 45 und das Steppenzebra sogar nur etwa 30. Beim Grevyzebra bilden sich die Streifen 35 Tage nach der Geburt, beim Bergzebra nach 28 Tagen und beim Steppenzebra nach 21 Tagen. Wie die Streifen aussehen, ist individuell. Das ist so ähnlich wie bei uns Menschen der Fingerabdruck. Der ist auch einzigartig.

Zur Tarnung

Bei der Giraffe gibt es ebenfalls Besonderheiten. Die Flecken dienen zum einen der Tarnung, sodass die Tiere von ihren Feinden nicht so gut gesehen werden. Sie regulieren aber auch die Körpertemperatur. Um jeden Fleck verläuft ein ringförmiges Blutgefäß. Und unter den Flecken sind weitere kleine Blutgefäße. Mit ihnen können die Giraffen Wärme ableiten. Die Flecken sind bei jeder Giraffe individuell. Kein Tier gleicht dem anderen.

HABEN TAUSENDFÜSSER TAUSEND FÜSSE?

Tausendfüßer leben schon seit Millionen Jahren auf der Erde. Mit ein bisschen Glück finden wir sie im Garten. Doch wie ist das eigentlich? Haben diese Tiere wirklich tausend Füße, so wie ihr Name es sagt?

Forscher haben sich die Tausendfüßer genau angesehen. Deswegen wissen sie eine Antwort auf die Frage. Sie sagen: Das mit den tausend Füßen ist ein bisschen übertrieben. Die Tiere haben sehr viele Beine, daher kommt ihr Name. Doch exakt tausend sind es nicht. Üblicherweise kommen Tausendfüßer nicht auf mehr als 750 Füße. Oft sind es jedoch nur etwa 100 Paare pro Tier.

Auf allen Erdteilen

Tausendfüßer gehören zu den ältesten Lebewesen an
Land auf unserem Planeten. Sie leben auf allen Erdteilen,
nur nicht in dem Gebiet rund um den Nordpol und den
Südpol. Überwiegend ernähren sich die kleinen Krabbler
von Pflanzen und Tieren, die bereits gestorben sind. Es
gibt aber auch Tausendfüßer, die Pilze und Flechten
mögen. Die Tiere brauchen ein Zuhause, das sehr feucht
ist. Denn sie verlieren selbst leicht Wasser. Deswegen
müssen sie aufpassen, dass sie nicht austrocknen.
Morsches Holz im Wald, Kompost oder Gartenboden
zum Beispiel sind ideal für sie.

Friedliche Tiere

Tausendfüßer können bis zu 30 Zentimeter lang werden.
Üblicherweise sind sie ganz friedliche Tiere. Sie tun uns
Menschen nichts. Ganz anders als die Hundertfüßer. Vor
denen müssen wir uns in Acht nehmen. Sie haben eine
Giftklaue. Beißen sie uns, dann kann das sehr
schmerzhaft sein. Tausendfüßer haben auch Wege
gefunden, um sich zu schützen. Schließlich wollen sie
nicht gefressen werden. Droht Gefahr, dann kugeln sie
sich mitunter fest zusammen. Oder aber sie sondern
einen Stoff ab, der dem anderen schadet. Wir Menschen
können das auch zu spüren kriegen. Der Stoff reizt
unsere Haut.

Im Terrarium

Tausendfüßer begeistern viele Menschen wegen ihrer vielen Beine. Deswegen halten sie sie bei sich zu Hause. Sie wohnen dann in Terrarien, sodass die Menschen sich sie immer ansehen können. Die Tausendfüßer brauchen nicht viel. Sie vertragen sich meist problemlos mit Käfern, Heuschrecken, kleinen Echsen und sogar Vogelspinnen. Zahm werden Tausendfüßer jedoch nicht. Es ist nicht möglich, mit ihnen wie mit anderen Haustieren zu spielen. Allerdings sind sie für Leute gut, die nicht ständig Zeit haben. Denn die Tiere müssen nicht jeden Tag versorgt werden. Sie kommen auch einige Zeit ohne besondere Pflege aus.

Viele Arten

Auch wenn der Name Tausendfüßer uns glauben lässt, dass die Tiere immer viele Füße haben, ist das übrigens nicht unbedingt so. Forscher kennen Tausende Arten und sagen: Es gibt auch Tausendfüßer, die nur wenige Beine haben. Es gibt große und kleine Tausendfüßer, harte und weiche. Früher lebten auf der Erde sogar riesige Tausendfüßer. Sie kamen auf eine Länge von bis zu zwei Metern. Für sie war es kein Problem, auch große Tiere zu verspeisen.

Was kann zu Tierfutter werden?

Richtige Antwort: Birne, Nüsse, Vogel

STINKEN STINKTIERE WIRKLICH?

Sie haben schwarz-weißes Fell und sind je nach Art so groß wie eine Katze oder ein Eichhörnchen: Stinktiere. Doch wie ist das eigentlich? Stinken Stinktiere wirklich?

Stinktiere leben in der freien Natur auf dem amerikanischen Erdteil. Aber auch in Südostasien kommen sie vor. Experten sagen, dass Stinktiere erst mal nicht stinken. Doch sie können einen üblen Duft abgeben.
Allerdings tun sie dies nur im Notfall.

Stinktiere haben Feinde. Wittern sie einen Angreifer, dann versuchen sie zunächst, ihn zu vertreiben. Sie fletschen die Zähne. Sie stampfen mit den Füßen. Und sie drohen mit ihrem Schwanz. Sie heben ihn an und zeigen ihren Po. Auch zubeißen können die Raubtiere. Wenn das alles nichts nützt, dann versprühen sie eine Flüssigkeit, die ungeheuer stinkt.

Faule Eier

Die Flüssigkeit kommt aus zwei Drüsen, die die Tiere am Hinterteil haben. Sie können damit mehrere Meter weit spritzen. Fachleute sagen, der Duft von Stinktieren erinnert an faule Eier, Knoblauch und verbrannten Gummi. Der Duft der Stinktiere ist übel. Angreifer vergessen ihn meist ihr Leben lang nicht mehr und meiden Stinktiere von da an. Größere Tiere wie Kojoten und Pumas greifen Stinktiere wegen des Duftes selten an. Klebt der Gestank an der Kleidung von Menschen, dann geht er nicht mehr weg, sagen die Fachleute. Waschen nützt nichts.

Allesfresser

Stinktiere sind nachts aktiv. Tagsüber verkriechen sie sich lieber in ihren Verstecken. Das sind zum Beispiel hohle Baumstämme oder Felsspalten. Am Abend und in der Nacht ziehen sie dann los, um nach Nahrung zu suchen. Die Tiere sind Allesfresser. Sie jagen Nagetiere und Hasen, Vögel, Echsen, Schlangen und Lurche. Aber auch Insekten fressen sie. Dazu verputzen sie Früchte, Nüsse und Knollen.

SCAN ME

Scanne den Code und erfahre noch mehr über Stinktiere.

WARUM HABEN TIERE EINEN SCHWANZ?

Wenn ein Hund sich freut, wackelt er mit seinem Schwanz. Warum aber haben Tiere den und wir Menschen nicht?

Der Schwanz bei Hunden heißt Rute. In der Tat kann der Hund mit ihr Freude ausdrücken. Der Schwanz wedelt dann freundlich von einer Seite zur anderen.

Steht der Schwanz steil nach oben, dann kann das bedeuten, dass der Hund zornig ist. Ist die Rute gesenkt oder gar zwischen die Hinterläufe geklemmt, dann zeigt der Hund Angst. Er ist unsicher. Somit ist die Rute für den Hund ein Kommunikationsmittel. Mit ihr zeigen Vierbeiner, was sie fühlen. Und sie warnen andere auch.

Ein solcher Schwanz kann aber noch viele andere Aufgaben erfüllen. So hilft er Affen zum Beispiel, sich von einem Ast zum nächsten zu schwingen. Er ist die dritte Hand.

Biber nutzen den Schwanz als Ruder beim Schwimmen. Und der Fuchs und das Eichhörnchen können sich damit wärmen. Für Pferde ist der Schwanz daneben hilfreich, um lästige Fliegen zu vertreiben. Bei Tieren hat ein Schwanz somit viele Funktionen. Er ist sehr nützlich für sie.

Zurückentwickelt

Menschen haben keinen Schwanz. Warum? Wir brauchen dieses Körperteil einfach nicht mehr. Wir kommunizieren mit Worten oder mit Mimik. Wenn uns eine Fliege nervt, können wir sie mit unseren Händen fangen oder vertreiben. Ist uns kalt, nehmen wir eine Decke zur Hand. Wir brauchen auch keinen Schwanz, um die Balance zu halten. Deswegen hat sich der Schwanz bei uns zurückentwickelt. Selten werden Babys mit einer Art Schwanz geboren. Das ist dann aber eine Erkrankung. Ärzte kümmern sich darum in einer Operation.

Kannst du das Bild vervollständigen?

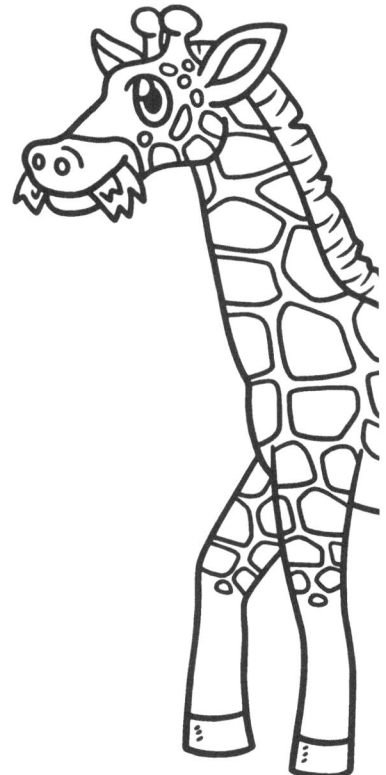

HABEN IGEL-BABYS BEREITS STACHELN?

Babys haben oft nur wenige Haare. Die müssen erst wachsen. Doch wie ist das eigentlich beim Igel? Kommen die kleinen Tiere nackt zur Welt? Oder haben sie bereits Stacheln? Experten wissen die Antwort.

Die Stacheln helfen dem Igel. Sie schützen ihn vor Feinden. In Sekundenschnelle kann sich der Igel zusammenrollen. Die vielen Stacheln sorgen dafür, dass er in Ruhe gelassen wird. Sie gehen von der Stirn bis zum Schwanz und sind auch seitlich am Körper. Im Grunde sind die spitzen Stacheln nichts Anderes als Haare. Allerdings sind sie nicht so weich wie unsere. Sie wurden umgebildet und bestehen vor allem aus Keratin. Das ist ein Eiweißstoff, den wir auch in den Haaren und Nägeln haben.

Innen hohl

Die Stacheln der Igel sind bei erwachsenen Tieren etwa zwei bis drei Zentimeter lang. Kommen kleine Igel auf die Welt, dann haben sie auch bereits Stacheln. Allerdings sind die noch nicht so groß. Sie kommen auf weniger als einen Zentimeter. Die Stacheln sind innendrin hohl. Sie sind so gebaut, dass sie sich verbiegen lassen und selten brechen. Das hilft dem Igel. Fällt er irgendwo runter, dann können die Stacheln ihn abfedern, und er überlebt.

Anfangs weich

Kleine Igel kommen mit etwa 100 Stacheln auf die Welt. Wachsen sie im Bauch der Mama, dann bilden sich die Stacheln kurz vor der Geburt. Sie sind so auf der Haut angebracht, dass sie ihre Mama nicht verletzen können. Die ersten Stacheln des Igels sind weiß und zu Beginn noch weich. Nach vier bis fünf Tagen fallen die weißen Stacheln aus. Andere Stacheln wachsen nach. Die sind zunächst noch nicht so lang wie die von erwachsenen Tieren. Auch diese Stacheln verlieren die kleinen Igel noch mal. Zwischen der zweiten und vierten Woche nach der Geburt wächst ihr eigentliches Stachelkleid. Ausgewachsene Igel kommen auf etwa 8.000 Stachel insgesamt.

SCAN ME

Scanne den Code und erhalte einen Igel-Steckbrief.

Male ein lustiges Bild und lasse dies drin vorkommen:

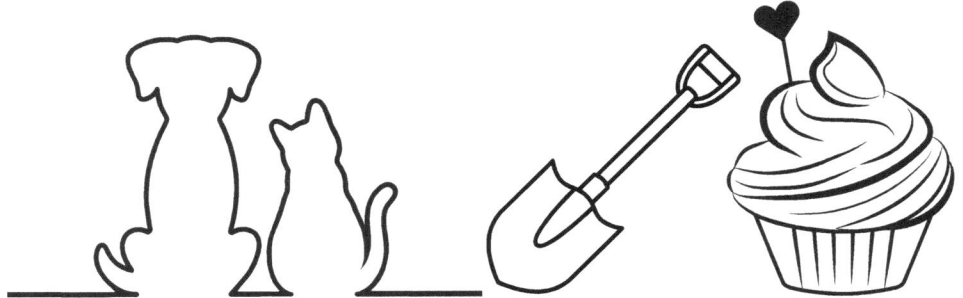

WIE SCHLAFEN FISCHE?

Hunde und Katzen liegen gern in der Ecke und schlafen. Wie ist das bei Fischen? Ruhen sie sich ebenfalls aus und schnarchen vor sich hin?

Fachleute wissen, dass es schwierig ist, einen schlafenden Fisch zu entdecken. Die Tiere ruhen sich zwar ebenfalls aus. Doch sie schließen beim Schlafen nicht die Augen. Deswegen ist nicht zu erkennen, ob sie gerade ein Nickerchen machen. Fische können ihre Augen nicht schließen. Sie haben keine Lider. Fische müssen wie andere Tiere ruhen, um sich zu erholen. Wenn sie eine Pause einlegen, schlägt ihr Herz langsamer.

Sie verbrauchen nicht mehr so viel Energie. Dabei gibt es von Fischart zu Fischart Unterschiede. Handelt es sich um nachtaktive Fische, dann schlafen die Tiere am Tag. Sind es tagaktive Tiere, dann ruhen sie wie wir in der Nacht.

Leichte Beute

Das Problem der Fische: Während sie schlafen, können sie leicht zur Beute für andere Tiere werden. Deswegen haben sie verschiedene Strategien entwickelt, um nicht gefressen zu werden. Manche Fische legen sich zum Schlafen flach auf den Boden und decken sich mit Sand zu. So sind sie nicht so leicht zu erkennen. Andere ziehen sich ins Geäst von Korallen zurück, um geschützt zu sein. Wieder andere verkriechen sich in Felsspalten. Papageifische haben so etwas wie einen Schlafanzug oder einen Schlafsack. Sie umhüllen sich mit Schleim, um nicht mit ihrem Geruch aufzufallen.

Dämmerzustand

Der Schlaf von Fischen ist anders als unser Schlaf, haben Forscher herausgefunden. Während wir auch sehr tief schlafen, tun Fische das nicht. Sie verfallen eher in einen Dämmerzustand. Für sie wäre es eine Gefahr, so fest zu schlafen wie wir. Denn wir merken oftmals gar nicht, was um uns herum geschieht. Die Fische können sich das nicht leisten, weil Raubfische sie so fressen können. Daher ist ihr Schlaf nicht tief und fest. Wellen oder ein Lichtstrahl genügen, damit sie wieder wach sind.

Im Meeresboden lebt ein besonderes Tier: der Wattwurm. Lies über ihn auf Seite 80.

Wortschlange!

Findest du das hier versteckte Wort?
Du kannst waagrecht ← →
oder senkrecht ↕ laufen.
Der erste Buchstabe
ist markiert.

C	K	E
U	L	L
B	A	W

E	Z	T
D	K	A
L	I	W

GIBT ES TIERE OHNE ZUNGEN?

Katze, Hund, Pferd oder Kuh:
Sie alle haben eine Zunge.
Doch gibt es auch Tiere, die
ohne auskommen?

Wir Menschen haben wie die meisten
Tiere eine Zunge. Der Muskelkörper ist
wichtig für uns. Er ist sehr beweglich und
hilft uns beim Sprechen, Schlucken oder Saugen.
Außerdem ermöglicht er uns, etwas zu schmecken. Wir
wissen, ob etwas sehr süß oder salzig ist oder gar
verdorben. Damit schützt die Zunge uns auch.

Wenn wir nach Tieren suchen, die keine Zunge haben,
so werden wir fündig. Es gibt zum Beispiel die
Zungenlosen. Das sind Frösche, die ohne Zunge leben.
Die dazugehörenden Krallenfrösche beispielsweise
finden wir in Afrika, die Wabenkröten in Südamerika.
Die meisten Arten leben in den Gewässern der
tropischen Regenwälder.

Wenngleich es also Tiere ohne Zungen gibt, so sind sie eher die Ausnahmen. Die Zunge ist nämlich auch für Tiere wichtig. Und vor allem gibt es hier auch richtig beeindruckende Exemplare.

Schleuderzunge

So hat beispielsweise das Chamäleon eine Schleuderzunge. Wenn eine Fliege oder ein Käfer in Sicht ist, werfen die Tiere ihre Zunge einfach aus. Sie schleudert dann Richtung Beute und fängt sie ein. Dabei wird die Zunge ungefähr so lang wie das Chamäleon selbst. Die Zunge dient einem Chamäleon also zum Beutefang. Schlangen wiederum verfügen über Schnüffelzungen, das heißt, sie können mit ihnen riechen. Die Zunge der Schlangen ist gespalten. Am Ende haben sie sogenannte Riechknospen. Sie erkennen damit, ob zum Beispiel eine Maus in der Nähe ist.

Welches Tier kann mit der Zunge riechen?

0 Eichhörnchen
0 Wolf
0 Schlange

Richtige Antwort: Schlange

Welche Tiere haben
keine Zungen?

A Wale

B Zungenlose

C Biber

Welches Tier hat
eine Schleuderzunge?

A Chamäleon

B Amsel

C Ameisenbär

WIE ÜBERLEBEN INSEKTEN IM WINTER?

Viele Insekten verkriechen sich, wenn es kalt wird. Sie leben in Ritzen, Laubhaufen oder im Boden. Andere machen das nicht. Sie sterben. Warum?

Auf der Erde gibt es mehr als eine Million Insektenarten. In Deutschland sind es rund 33.000. Sie alle haben etwas gemeinsam: Ihr Körper besteht aus drei Teilen.

Das sind der Kopf mit den Fühlern, die Brust mit sechs Beinen und Flügeln sowie der Hinterleib. Die meisten Insekten haben zwei Flügelpaare, Fliegen und Mücken beispielsweise haben nur ein Flügelpaar. Meist sind Insekten recht klein. Sie kommen nur auf einige Millimeter. Es gibt aber auch große und auffällige Insekten. Das sind zum Beispiel der Hirschkäfer, der Eichenbockkäfer oder manche Schmetterlinge.

Unterschiedliche Strategien

Im Winter können wir die Insekten üblicherweise nicht sehen. Je nach Art haben sie unterschiedliche Strategien, um es ins Frühjahr zu schaffen. Sie überwintern als Ei, als Larve, als Puppe oder als erwachsenes Insekt. Oder aber sie sterben. Aus den Eiern entwickeln sie sich im Frühling neu.

Nahrungsmangel

Bei den Wespen ist das zum Beispiel so. Die Arbeiterinnen unter ihnen kämpfen im September und im Oktober mit Nahrungsmangel. Außerdem wird es kälter. Das überleben sie nicht. Fehlendes Futter und tiefe Temperaturen sind der Grund dafür, dass sie sterben. Auch die Königin stirbt. Die Jungköniginnen aus der letzten Brut aber verkriechen sich wie viele andere Insekten auch. Sie verstecken sich gut geschützt in Ritzen, totem Holz oder starr im Boden. Da sie sich zuvor noch mal gepaart haben, können sie später Eier legen und so im Frühjahr für ein neues Volk sorgen. Die bei der Paarung beteiligten Männchen werden erst mal nicht mehr gebraucht und sterben ebenfalls.

Auf Seite 89 erfährst du alles über Hummeln.

Kältestarre

Wenn Insekten sich im Winter verkriechen, fallen sie in eine Kältestarre. Entdecken wir Menschen sie, sieht es aus, als würden sie schlafen. Der Körper der Tiere arbeitet dann auf einem Minimum. Wird es wärmer, erwachen die Tiere wieder und krabbeln nach draußen.

Frostschutzmittel

Wird es draußen zu kalt, kann es allerdings sein, dass Insekten auch erfrieren. Sie schaffen es dann in ihren Verstecken nicht, die kalte Jahreszeit zu überleben. Manche Tiere haben sich aber auch dafür einen Trick einfallen lassen, Marienkäfer zum Beispiel. Sie haben einen Stoff in ihren Körperflüssigkeiten, das Glycerin. Es wirkt wie ein Frostschutzmittel. Das bedeutet, dass die Insekten bei Kälte etwas besser geschützt sind als ohne. Ihre Körperflüssigkeit friert dann nicht so schnell ein. Das nämlich würden sie nicht packen.

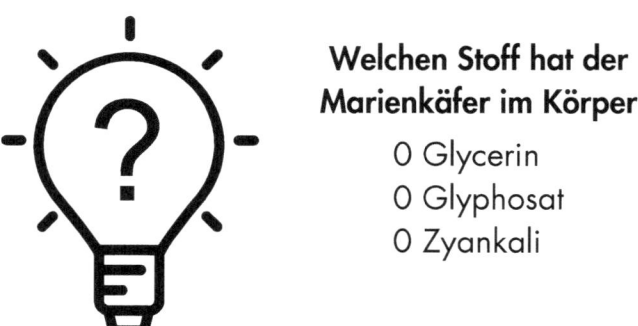

Welchen Stoff hat der Marienkäfer im Körper

O Glycerin
O Glyphosat
O Zyankali

Richtige Antwort: Glycerin

KÖNNEN SICH SCHLANGEN SELBST VERGIFTEN?

Viele Menschen sind fasziniert von Schlangen. Nicht selten haben sie Giftzähne. Doch können sich die Tiere damit eigentlich selbst vergiften?

Schlangen sind Raubtiere. Sie mögen Fleisch und fressen zum Beispiel Insekten, Kaulquappen, Frösche, Fische, Nagetiere, Vögel, andere Schlangen oder große Säugetiere wie Gazellen und Jaguare. Sie können Tiere verschlingen, die weitaus größer sind als sie selbst. In Deutschland gibt es zwei Arten, die giftig sind. Das sind die Kreuzotter und die Aspisviper. Dass wir von einer giftigen Schlange gebissen werden, ist sehr unwahrscheinlich. Schlangen flüchten, wenn sie spüren, dass jemand über den Boden läuft.

Zur Verteidigung

Mit ihrem Gift können Schlangen Beute machen. Sie kommen so an Futter. Sie nutzen ihre Giftzähne aber auch zur Verteidigung. Das Gift produziert die Schlange in speziellen Speicheldrüsen. Nutzt sie ihre Zähne, dann fließt das Gift dort hinein. Sie sind innen hohl. Das dürfen wir uns so ähnlich vorstellen wie bei einer Spritze. Wenn diese in unsere Haut kommt, dann kann uns Medizin verabreicht werden. Bei der Schlange handelt es sich natürlich nicht um Medizin. Im Gegenteil: Die Beute stirbt.

Einklappbar

Die Fangzähne hat die Schlange nicht immer ausgefahren. Sie kann sie im Oberkiefer einklappen und somit bewusst entscheiden, ob sie sie nutzt. Ihr eigenes Gift ist für die Schlange in der Regel ungefährlich. Ihrem Körper macht es nichts aus. Das muss auch so sein. Denn nachdem die Schlange ihre Beute gebissen hat, sitzt das Gift im Fleisch des anderen Tieres. Wenn sie die Beute dann frisst, gelangt ihr Gift in ihren Körper. Würde es ihr was anhaben können, dann würde sie sich selbst vergiften. Das ist aber nicht der Fall.

Was kann die Schlange einklappen?

O Schwanz
O Fangzähne
O Augen

Richtige Antwort: Fangzähne

Finde den Fehler!

Diese zwei Bilder sind nicht genau gleich.
Entdeckst du fünf Unterschiede? Kreise sie ein. Die
Lösung findest du auf der nächsten Seite.

LÖSUNG

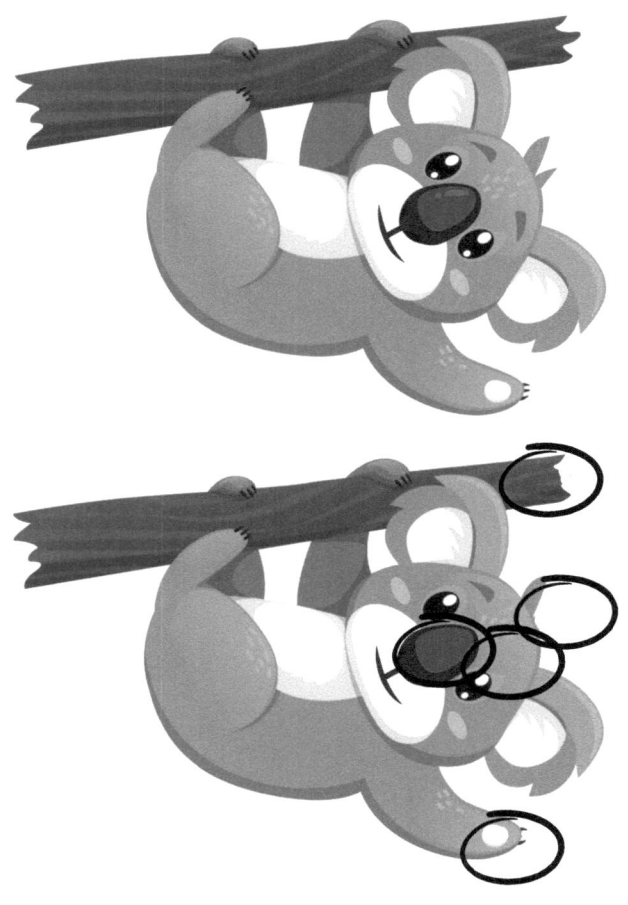

Worträtsel

```
A   R   H   H   F   T   E   T   V   S   F

Y   O   L   M   V   O   G   E   L   Y   F

G   W   I   R   G   Z   S   U   G   P   L

A   V   J   T   O   K   A   B   G   R   I

K   A   E   V   S   A   N   U   K   P   E

T   I   G   E   R   E   S   E   E   L   G

N   S   V   R   V   N   I   U   L   S   E

I   M   D   L   W   R   B   W   E   U   G

N   G   J   C   O   H   G   R   F   N   P

A   P   H   F   E   V   V   F   A   L   X

Z   T   E   R   N   K   K   F   N   T   N

T   I   C   F   I   S   C   H   T   E   V
```

Nach diesen Begriffen kannst du suchen:

1 Tiger   **2** Vogel   **3** Fisch

4 Elefant   **5** Fliege

WAS IST DAS SCHNELLSTE TIER DER WELT?

Ein Tier so schnell wie ein Formel-1-Auto? Das gibt es. Der Wanderfalke kommt auf diese Geschwindigkeiten.

Formel-1-Autos fahren mit über 300 Stundenkilometern über die Rennstrecke. Damit sind sie viel schneller als Familien mit ihrem Auto auf der Autobahn. Auch im Tierreich gibt es Tiere, die superschnell sind. Der Wanderfalke gehört dazu. Er ist das schnellste Tier in der Luft. Er kommt auf über 320 Stundenkilometer und ist damit auch das schnellste Tier auf der Erde. Der Wanderfalke ist größer als eine Taube. Im Flug können wir ihn an seinen langen, spitzen Flügeln und dem relativ kurzen Schwanz erkennen.

Er jagt andere Vögel, zum Beispiel Haustauben, Stare, Drosseln, Feldlerchen, Buchfinken und Rabenvögel.

Schnellstes Landtier

Das schnellste Tier an Land ist der Gepard. Geparden haben ein goldbraunes Fell, auf dem dunkle Tupfen sind. Von den Augen bis zu den Mundwinkeln haben die Tiere zudem dunkle Streifen. Gehen Geparden auf die Jagd, dann schleichen sie sich erst mal an ihre Beute ran. Es trennen die Tiere dann noch etwa 50 Meter. Wenn die Geparden loslaufen, schaffen sie locker 120 Stundenkilometer. Oftmals erwischen sie dann ihre Beute und haben so etwas zu fressen. Geparden jagen zum Beispiel Gazellen, Spießböcke, Warzenschweine, Perlhühner und Hasen.

Schnellstes Wassertier

Auch im Meer gibt es Tiere, die mit solchen Geschwindigkeiten durchs Wasser schießen. Das schnellste Tier hier ist der Fächerfisch. Er kommt auf bis zu 110 Stundenkilometer.

Der Fächerfisch wird auch Segelfisch genannt. Den Namen hat er wegen seiner Rückenflosse, die einem Segel ähnelt. Fächerfische rasen mit voller Geschwindigkeit und angelegten Bauchflossen in Fischschwärme. Dort bremsen sie mit einer scharfen Kurve und abgespreizten Bauchflossen ab. Fische in Reichweite werden getötet und gleich darauf verputzt.

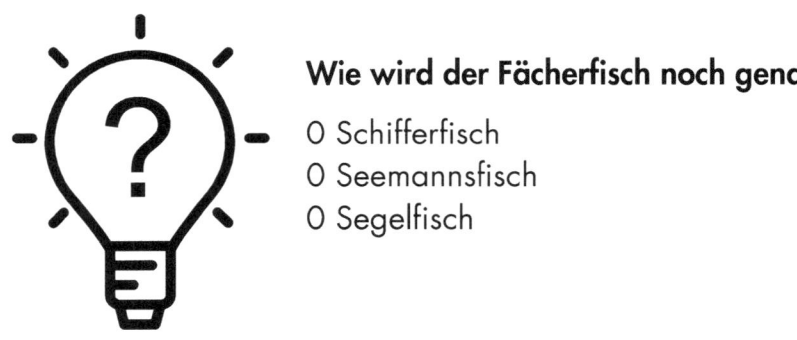

Wie wird der Fächerfisch noch genannt?

O Schifferfisch
O Seemannsfisch
O Segelfisch

Richtige Antwort: Segelfisch

Stadt, Land, Tier

Schnapp dir Zettel und Stift und spiele mit einem Freund Stadt, Land, Tier.
Dafür spricht einer von euch solange leise das Alphabet, bis der andere STOPP
sagt. Ihr nehmt den Buchstaben, der dann gerade dran ist und füllt ganz
schnell die Tabelle aus. Wer als Erster fertig ist, stoppt das Spiel.
Dann vergleicht ihr. Für denselben Begriff gibt es einen Punkt.
Für unterschiedliche Begriffe sind es für jeden zwei Punkte.
Wer allein einen Begriff gefunden hat, bekommt drei Punkte.
Zum Schluss rechnet ihr alle Punkte zusammen und ermittelt den Gewinner.

Stadt	Land	Tier	Name	Pflanze	Obst	Promi

Tiere von A-Z!

Du weißt nicht für jeden Buchstaben einen Tier-Begriff?
Kein Problem:

Aal

Bär

Chamäleon

Dachs

Erdschwein

Fuchs

Gans

Hirsch

Igel

Jaguar

Kuh

Lachs

Maulwurf

Nashorn

Otter

Panther

Qualle

Xenopus

Reh

Schwein

Yak

Tiger

Uhu

Zebra

Vogelspinne

Walross

WARUM KÖNNEN PAPAGEIEN SPRECHEN?

Im „Pippi Langstrumpf"-Film ist es zu sehen: Manche Papageien sprechen. Doch wie machen die Tiere das?

In den Abenteuern von Pippi Langstrumpf kommt Rosalinda vor. Sie ist ein Ara mit roten, gelben und blauen Federn. Eigentlich hieß der Vogel Douglas und war ein Männchen. Im Film aber war es anders. Der Papagei lebt nicht mehr. 2019 starb er im Zoo in Karlsruhe im Bundesland Baden-Württemberg. Zuvor hatte er zahlreiche Besucher angezogen. Sie wollten ihn unbedingt sehen. Papageien wie Rosalinda beziehungsweise Douglas können mitunter sprechen, was für Vögel etwas Besonderes ist. Doch wie machen die Tiere das?

Starke Zunge

Experten sagen, Papageien haben eine muskulöse
Zunge, mit der sie die Worte formen können. Das
unterscheidet sie von anderen Vögeln. Die Töne kommen
aus ihrem Stimmkopf, der im Hals sitzt. Daneben wichtig
für das Sprechen ist ihre Intelligenz. Die Tiere können ein
Leben lang lernen und somit auch Töne einüben. Das ist
bei anderen Vögeln anders. Sie können Töne nur in
einem bestimmten Zeitfenster lernen. Schließt sich dieses,
ist das vorbei.

In Gruppen

Papageien werden sehr alt. Douglas zum Beispiel starb
mit 51. Für die Tiere ist es wichtig, immer wieder dazu
lernen zu können. Denn sie leben in großen Gruppen
zusammen. In diesen Gruppen müssen sie immer wieder
ihre Familien oder Partner finden. Da diese sich im Lauf
des Lebens verändern, sterben oder neu hinzukommen,
müssen die Tiere stets neue Töne einstudieren. Denn sie
rufen ihre Partner oder Kinder mit ihrem „Namen" oder
ihrem ganz eigenen Ton, den sie haben. Sie ahmen die
anderen also nach. Die Vögel erkennen sich so unter
Hunderten von Tieren. Mit den Rufen beeindrucken
Papageien sich mitunter auch.

Dass Papageien auch bei Menschen reden, hat seinen Grund. Sie suchen eine Bezugsperson, das kann auch ein Mensch sein. Besonders leicht sprechen Graupapageien. Aber auch andere Arten wie Aras, Kakadus, Amazonen, Nymphensittiche und Wellensittiche können sehr gut sprechen lernen.

Scanne den Code und höre, wie Graupapagei Birdie sprechen übt.

WAS MACHT DER WURM IM WATT?

Wer schon mal an der Nordsee war, kennt die kleinen Häufchen im Watt. Sie stammen vom Wattwurm. Was ist seine Aufgabe?

Das Watt ist voll von diesen Haufen - sie sehen aus wie Spaghetti. Überall kringeln sie sich am Meeresboden, wenn Ebbe ist. Das Meerwasser ist dann einige Zeit nicht da. Wer eine Wanderung im Watt macht, läuft zwangsläufig durch. Schlimm ist das nicht. Es heißt nur, dass unter dem Haufen ein Wurm lebt.

Der Wattwurm ist 30 bis 40 Zentimeter lang. Vorn ist er etwa so dick wie ein Finger. Hinten ist er dünner. Der Wurm ist braun bis schwarz und hat vorn einen Rüssel. Damit kann er Sand aufnehmen. Den gibt es im Watt zuhauf.

Unter dem Boden

Der Wattwurm lässt sich dort, wo wir laufen, nicht blicken. Er lebt in etwa 20 Zentimetern Tiefe. Sein Zuhause dort sieht aus wie ein U. In dieser Röhre liegt der Wurm meist waagrecht drin. Der Wurm verklebt das Innere seiner Röhre mit etwas Schleim. Dann ist alles stabil und stürzt nicht gleich ein.

Kothaufen

Der Wattwurm frisst in seinem Zuhause Sand. Dabei nimmt er organische Reste wie Algen auf, die sich im Sand befinden. Wer viel frisst, muss auch mal. Deswegen kriecht der Wurm etwa alle 45 Minuten zur Oberfläche und gibt ganz schnell Kot ab. Diese Häufchen sehen wir dann am Wattboden.

Gute Lebensbedingungen

Der Wattwurm hat eine wichtige Aufgabe. Alle Wattwürmer zusammen graben das Watt immer wieder um. Damit schaffen sie bessere Lebensbedingungen für andere Tiere. Ohne den Wattwurm wäre der Wattboden viel weniger belebt. Der Wattwurm kann mehrere Jahre alt werden, wenn er nicht von einem Vogel gefressen wird.

KRIEGEN TIERE AUCH MUSKELKATER?

Manchmal tut uns alles weh.
Wir haben Muskelkater.
Können Tiere den eigentlich
auch kriegen?

Experten wissen auf die Frage
eine Antwort. Sie sagen: Ja, auch
Hunde, Pferde oder andere Tiere
lahmen manchmal ein bisschen,
weil sie Muskelkater haben. Doch was ist beim
Muskelkater eigentlich in unserem Körper los?

Das Wort Muskel kommt vom lateinischen Begriff
musculus. Das bedeutet Mäuschen. Ohne Muskeln
könnten wir uns nicht bewegen. Wir könnten nicht
laufen, aber auch nicht sitzen oder uns
küssen. Nichts würde funktionieren.
Weil Muskeln so wichtig sind,
haben Forscher sie untersucht. Sie
wissen daher auch, was es mit dem
Muskelkater auf sich hat.

Stoff Laktat

Lange Zeit dachten viele, dass der Muskelkater etwas mit dem Stoff Laktat zu tun hat - das ist ein Salz der Milchsäure. Sie gingen davon aus, dass sich vermehrt Laktat in den Muskelfasern sammelt, wenn wir es mit dem Sport übertreiben. Dadurch soll der Muskel plötzlich schmerzen und sich nicht mehr so gut bewegen lassen. Forscher wissen inzwischen aber, dass das nicht stimmt. Der Muskelkater entsteht anders.

Kleine Risse

Die Fachleute sagen: Wer es mit dem Sport übertreibt - also zum Beispiel eine riesige Radtour macht - der strapaziert seine Muskeln so stark, dass es im Muskelgewebe zu kleinen Rissen kommt. Dadurch entstehen Entzündungen und Wasser tritt in den Muskel ein. Er schwillt an, bläht sich auf. Das führt zu den Schmerzen, die wir haben. Wir haben das Gefühl, uns nicht mehr bewegen zu können. So wie wir Menschen können auch Tiere Muskelkater kriegen. Pferde zum Beispiel, die Rennen laufen, können betroffen sein. Aber auch Hunde können mal schlecht drauf sein, wenn sie zuvor richtig lange Gassi waren und viel gerannt sind.

Wie beim Menschen

Der Körper dieser Tiere ist unserem sehr ähnlich. Deswegen sind auch sie vor Muskelkater nicht sicher. Hundebesitzer merken manchmal, dass ihr Hund nach einem anstrengenden Tag eine Pause einlegt und viel auf seiner Decke liegt. Das kann ein Zeichen dafür sein, dass er sich nicht so gern bewegen will, weil er Muskelkater hat.

WARUM FANGEN KATZEN MÄUSE?

Viele Katzenbesitzer haben das schon erlebt: Ihr Stubentiger hat eine Maus gejagt und mit nach Hause gebracht. Warum machen die Tiere das?

Katzen betreiben bei der Jagd keinen allzu großen Aufwand. Deswegen schnappen sie Tiere, die sie leicht erreichen können. In unseren Dörfern und Städten sind das vor allem Mäuse. Katzen halten nach Feldmäusen und

Die Katze ist in Deutschland das beliebteste Haustier. In vielen Häusern und Wohnungen hat sie ihren Schlafplatz. Katzen stammen von der ägyptischen Falbkatze ab. Sie gehören also eigentlich gar nicht zur Tierwelt bei uns. Fachleute sagen, dass Hauskatzen immer noch Merkmale der wildlebenden Katzen haben. Sie jagen beispielsweise gern.

Hausmäusen Ausschau. Sie jagen aber auch Vögel wie Amseln, Rotkehlchen, Meisen, Finken und Sperlinge.

Bei kühlem Wetter erbeuten sie auch Frösche, Molche, Eidechsen und Blindschleichen.

Training

Fachleute sagen, dass Katzen gerne Jungtiere fangen. Die sind leicht zu erbeuten, weil sie noch hilflos sind. Wer glaubt, nur hungrige Katzen jagen, der irrt. Nicht alle Beutetiere werden gefressen, sagen die Experten. Oft dient die Jagd nicht dazu, den Bauch zu füllen. Den Katzen geht es darum, das Jagen zu trainieren. Katzenbesitzer haben also keinen großen Einfluss darauf. Selbst wenn der Napf stets gut gefüllt ist, ziehen die Stubentiger los, wenn sie rausgelassen werden. Die Experten sagen, dass die Menschen den Katzen kein Halsband mit einer Klingel ummachen sollen. Das Klingeln ist anfangs eine Qual für die Katzenohren. Vögel erschreckt es zwar. Doch den Jungtieren hilft es nichts.

WORAUS BESTEHT EIN SPINNENNETZ?

Im Herbst haben wir sie im Haus: Spinnen. Sie hinterlassen ihre feinen Netze. Woraus aber bestehen diese?

Der lateinische Name der Spinnentiere lautet „Arachnida". Es gibt mehr als 100.000 Arten von ihnen. Alleine in Deutschland sind rund 1.000 beheimatet. Gemeinsam ist allen Spinnen, dass sie acht Beine haben und dass sie Räuber sind. Sie ernähren sich also von Insekten und anderen Kleintieren. Das macht sie zu nützlichen Mitbewohnern. Sie befreien uns von blutsaugenden Stechmücken und lästigen Stubenfliegen.

Die Spinnennetze sind kleine Wunderwerke. Denn sie fangen Insekten auf, die hineinfliegen. Das geschieht oft mit Wucht. Die Netze aber reißen nicht. Die dünnen Fäden sind dehnbar und halten viel aus.

Aus Eiweißmolekülen

Die Spinne produziert die Fäden mit ihren Drüsen am Hinterleib. Bis zu sieben Stück hat sie davon. Hier wird die Spinnenseide hergestellt und dann über Spinnwarzen ausgeschieden. Der Spinnfaden besteht aus Eiweißmolekülen. Ein Stoff sorgt dafür, dass er so viel aushält. Es ist die Aminosäure Methionin. Belastbar ist der Spinnfaden auch, weil er mitunter besonders aufgebaut ist. Er ähnelt einer Spiralfeder oder einem stabilen Wellblech. Daher macht es dem Netz nichts aus, wenn Beutetiere reinfliegen.

Perfektes Werkzeug

Spinnennetze sind reißfester als ein Stahlseil, elastischer als ein Gummiband, dünner als ein menschliches Haar und hitzebeständig bis 200 Grad. Somit hat die Spinne das perfekte Werkzeug, um zu jagen. Die Spinne webt ihre Netze aber nicht nur dafür. Es entstehen damit auch Wohnhöhlen, Vorratskammern und Kinderzimmer.

KÖNNEN HUMMELN STECHEN?

Autsch! Wenn wir gestochen werden, tut das ganz schön weh. Doch wie ist das eigentlich? Piksen uns auch Hummeln? Oder machen das nur Wespen und Bienen?

Oft heißt es, dass Hummeln im Gegensatz zu anderen Bienenarten gar nicht stechen können. Das stimmt aber nicht. Allerdings stechen sie viel seltener zu. Und nur die Weibchen haben einen Stachel. Die Männchen nicht. Hummeln stechen, wenn sie sich eingeengt beziehungsweise bedroht fühlen. Das kann sein, wenn sie uns versehentlich zu nahekommen. Stechen uns Hummeln mal, dann ist der Stich nicht so schlimm wie bei einer Wespe oder einer Biene. Die Giftdosis ist kleiner.

Bei Hummeln handelt es sich um Wildbienen. Auch sie bestäuben Blumen und andere Pflanzen, sodass sie sich vermehren und wir Obst und Gemüse ernten können. Hummeln gelten als schlaue, feinfühlige und friedliche Tiere.

Kleine Flügel

Den pelzigen Hummeln wird auch nachgesagt, dass sie eigentlich gar nicht fliegen dürften, denn im Vergleich zu ihrem Körper sind ihre Flügel winzig. Dafür sind die aber extrem gelenkig, und die Hummel schafft bis zu 200 Flügelschläge pro Sekunde, sodass sie genug Auftrieb erzeugt, um durch die Luft zu schwirren.

40 Arten

In Deutschland gibt es rund 40 verschiedene Hummelarten. Weltweit sind es etwa 250. Die Insekten mögen es eher kühler als warm. Darum gehören sie auch zu den ersten, die im Frühjahr aktiv werden. Tatsächlich ist es pro Hummelvolk erst einmal nur eine einzige Hummel, die aus dem Winterschlaf erwacht: die Königin. Die macht sich dann auf die Suche nach einem geeigneten Nest und legt dort ihre Eier. Zu ihrem Volk können 50 bis 600 Tiere gehören. Je nach Hummelart leben sie entweder in Höhlen, Wurzeln oder auch auf Bäumen.

Allerdings sind Hummeln auch gefährdet. Ihr größter Feind ist der Mensch. Wegen der Landwirtschaft zum Beispiel geht der natürliche Lebensraum der Hummeln verloren.

Scanne den Code und lerne, wie du ein Insektenhotel baust.

Labyrinth

Bringe die Maus zum Käse.

WARUM HEBEN HUNDE BEIM PINKELN DAS BEIN?

Zack, und schon hebt er das Bein! Wer mit einem Hund Gassi geht, kennt das nur zu gut. Doch warum machen die Vierbeiner das beim Pinkeln?

Hunde sind anders als wir Menschen. Wenn sie draußen unterwegs sind, schnüffeln sie hier und da. Immer wieder bleiben sie stehen und stecken ihre Nase irgendwo hinein. Gleichzeitig heben sie ständig das Bein und verspritzen ein paar Tropfen Pipi. Fachleute wissen, warum die Vierbeiner das machen. Sie sagen: Das Bein heben Rüden, also männliche Hunde. Mädchen hingegen hocken sich hin. Doch auch hier gibt es Ausnahmen.

Revier markieren

Wenn die Rüden das rechte Hinterbein heben, dann markieren sie ihr Revier. Sie machen klar: „Das ist mein Bereich." Sie hinterlassen also ständig Nachrichten. Andere Hunde sollen sie riechen und Bescheid wissen, dass sie da waren. Dabei versuchen die Hunde, die Nachricht des Vorgängers möglichst zu überschreiben. Sie pinkeln also drüber. Dass die Rüden beim Pinkeln das Bein heben, hat einen ganz praktischen Grund: Die Duftstoffe kommen so auf Nasenhöhe von anderen Hunden. Sie werden so schneller von Rivalen erschnüffelt. Möglichst hoch Pipi zu hinterlassen, macht Sinn. Die Hunde wollen so nämlich auch zeigen, dass sie der Revierchef sind.

In der Hocke

Weibchen markieren ihr Revier auch. Insbesondere machen sie das, wenn sie bereit sind, Babys zu kriegen. Männliche Hunde sollen so von ihrer Läufigkeit erfahren, damit sie sich paaren können. Üblicherweise verzichten Hündinnen darauf, das Bein zu heben. Sie hocken sich hin oder strecken das Bein leicht nach vorn. Manchmal gibt es das Beinheben aber auch bei ihnen. Sie können sich das von männlichen Hunden abschauen. Sie zeigen so ihre Dominanz - also, dass sie was zu sagen haben.

KÖNNEN KOPFLÄUSE ERTRINKEN?

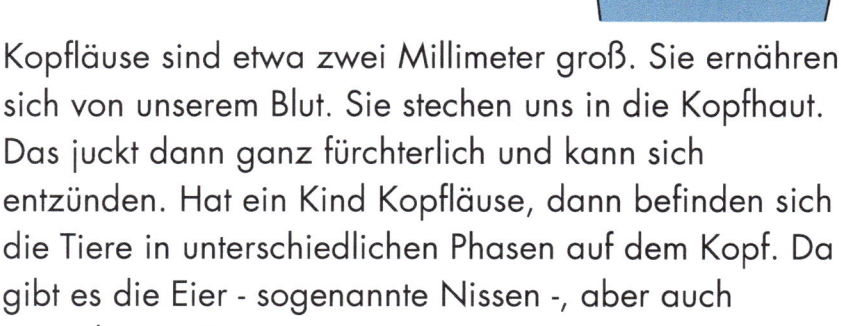

Wenn Kinder Läuse auf dem Kopf haben, müssen die Haare behandelt werden. Doch reicht es, sie zu waschen? Ertrinken die winzigen Tiere dabei?

Kopfläuse sind etwa zwei Millimeter groß. Sie ernähren sich von unserem Blut. Sie stechen uns in die Kopfhaut. Das juckt dann ganz fürchterlich und kann sich entzünden. Hat ein Kind Kopfläuse, dann befinden sich die Tiere in unterschiedlichen Phasen auf dem Kopf. Da gibt es die Eier - sogenannte Nissen -, aber auch erwachsene Tiere.

Kopfläuse verschwinden nicht einfach so wieder. Wer sie hat, muss sich die Haare mit einem Mittel waschen und die Kopfläuse auskämmen.

Widerstandsfähig

Weil so ein Mittel nicht alle Läuse auf einmal erwischen kann, muss die Behandlung nach acht bis zehn Tagen wiederholt werden. Die Haare allein mit Wasser zu waschen, reicht nicht. Die Tiere können zwar ertrinken. Doch sie sind sehr widerstandsfähig. Unter Wasser halten Läuse es bis zu vier Stunden problemlos aus. Beim Duschen und Baden werden wir sie in der Regel auch deswegen nicht los, weil sie sich festklammern. Sie wollen auf keinen Fall runtergespült werden. Denn ohne den Menschen können sie nicht überleben. Sie brauchen unser Blut, sonst sterben sie innerhalb kurzer Zeit.

Enger Kontakt

Wenn Menschen Läuse kriegen, liegt das nicht an Unsauberkeit. Wer sich jeden Tag die Haare wäscht, kann die kleinen Tiere genauso bekommen wie jemand, der sich nicht so oft wäscht. Die Läuse werden übertragen, wenn Kinder eng beieinander sind. Das kann passieren, wenn sie beim Spielen die Köpfe zusammenstecken. Oder aber sie benutzen bestimmte Gegenstände gemeinsam, also Bürsten oder Fahrradhelme. Die Kopfläuse können nicht springen oder weit krabbeln. Unsere Haustiere lassen sie in Ruhe.

Scanne den Code und beobachte Läuse aus nächster Nähe.

Hilf dem Eichhörnchen, die Nüsse zu finden

WO SIND MÜCKEN TAGSÜBER?

Nachts können sie ungeheuer nerven: Mücken. Sie versuchen, uns zu piksen. Wo aber sind die Insekten eigentlich tagsüber?

Mücken können uns schlaflose Nächte bescheren. Denn es ist unangenehm, wenn wir sie immer wieder um uns herum surren hören. Schalten wir das Licht ein, sind die kleinen Insekten nur schwer zu entdecken. Meist kriegen wir sie nicht. Auch tagsüber können wir die Mücken üblicherweise eher nicht sehen. Sie schlafen oder fallen in einen Zustand der Ruhe. Sie verstecken sich dafür in kühlen Bereichen, weil es ihnen sonst zu warm im Sommer werden würde. Sie kriechen in schattige Spalten und Löcher. Das können Zwischenräume unserer Möbel sein sowie die Rückseiten und Unterseiten. Sie sitzen also vielleicht hinten am Schrank. Oder unten in einer Ritze der Kommode.

Kältestarre

Im Winter machen es die Tiere so ähnlich. Hier überleben üblicherweise die Weibchen. Sie suchen sich kühle, feuchte und geschützte Stellen im Keller, in Höhlen, Viehställen und Häusern. Dort verfallen sie in eine Art Kältestarre. Sie bewegen sich nicht und warten ab. Damit sie den Winter überstehen, bereiten die Tiere sich gut darauf vor. Sie scheiden viel Flüssigkeit aus und lagern Zucker in ihrem Körper ein. Der schützt sie vor dem Frost. Manchmal verirrt sich eine Mücke im Winter auch in ein warmes Haus. Dann können wir Menschen selbst im Januar einen juckenden Mückenstich bekommen. Den ganzen Winter übersteht sie dort allerdings meist nicht, sagen Experten.

Gestochen werden wir nur von weiblichen Mücken. Sie wollen unser Blut haben, denn das brauchen sie, um Eier bilden und schließlich für Nachwuchs sorgen zu können. Für das Stechen haben die Mücken einen Saugrüssel. Der ist so gebaut, dass er unsere Haut einritzen kann. Es entsteht ein kleiner Schnitt. In den gibt die Mücke ihre Spucke. Mit den Stoffen darin sorgt sie dafür, dass das Blut nicht gerinnt. Es bleibt beim Saugen flüssig. Die Mücke kann sich dann erst mal bedienen. Wenn sie fertig ist, lässt sie wieder von uns ab. Den eigentlichen Stich, den merken wir meist gar nicht. Kurz danach aber spüren wir, was passiert ist. Denn die Haut juckt jetzt.

Wenn es juckt

In der Spucke der Mücke sind verschiedene Proteine. Der Körper wehrt sich gegen diese fremden Stoffe. Das Jucken und Anschwellen sind so etwas wie eine Abwehrreaktion. Jeder Mensch reagiert dabei unterschiedlich. Bei manchen Leuten ist so ein Stich heftiger als bei anderen. Kratzen ist übrigens nicht gut, sagen die Fachleute. Üblicherweise juckt es dann noch mehr. Und die Stelle schwillt weiter an, wird heiß und rot. Gut ist es, einen Stich einfach zu kühlen. Das hilft. Mücken werden von Parfüm oder anderen Duftstoffen angelockt. Wer darauf verzichtet, der zieht die Insekten nicht so sehr an. Er hat bessere Chancen, nicht gestochen zu werden.

Ausmalbild

LANDEN MAUERSEGLER NIE?

Ein Vogel, der durchgängig in der Luft ist? Den gibt es. Es ist der Mauersegler. Doch landet er eigentlich nie?

Experten nennen den Mauersegler „Apus apus". Der Vogel erinnert viele Menschen an eine Schwalbe, ist aber etwas größer als sie. Das Gefieder des Vogels ist braun-schwarz.

An der Kehle hat der Mauersegler einen grauweißen Fleck. Ein erwachsener Mauersegler wiegt etwa 40 Gramm - also ungefähr so viel wie ein kleines Ei.

Die Tiere verbringen fast ihr ganzes Leben in der Luft. Sie sind perfekt darauf ausgerichtet. Sie fressen in der Luft, sie schlafen in der Luft. Und sie paaren sich dort sogar. Mauersegler landen somit ganz selten. Sie tun es aber. Und zwar dann, wenn sie Nachwuchs bekommen wollen.

Nisthöhlen

Die Tiere suchen sich Nisthöhlen, legen ihre Eier und kümmern sich dann um die Kleinen. Die Nistplätze sind zum Beispiel in tieferen Mauerspalten oder unter Dächern. Bis zu zehn Monate am Stück sind Mauersegler ununterbrochen in der Luft. Landen sie doch mal am Boden, tun sie sich schwer. Ihre Füße sind nicht für die Erde gemacht. Dennoch schaffen sie es auch wieder, sich von dort aus in die Luft zu schrauben. Tagelang Dauerregen kann zum Beispiel der Grund dafür sein, dass der Mauersegler mal am Boden zu finden ist. Doch die Tiere vermeiden dies.

Nicht hochwerfen

Manche Menschen glauben, dass sie einem Mauersegler am Boden helfen müssen. Sie werfen die Vögel dann mitunter in die Luft, weil sie denken, sie könnten so wieder durchstarten. Das stimmt aber nicht. Die Tiere können sich schlimm verletzen, weil sie abstürzen. Liegt einmal ein Mauersegler hilflos am Boden, dann sollten die Menschen die Tiere also nicht hochwerfen, sondern einen Fachmann zu Hilfe rufen. Es kann zum Beispiel sein, dass der Vogel verletzt oder krank ist und deswegen nicht mehr fliegen kann. Hatte er einen Flugunfall und wird dann in die Luft geworfen, können Menschen ihm sehr schaden. Die Verletzungen können noch schlimmer werden.

Mauersegler haben auch Feinde. Greifvögel, Rabenvögel oder Katzen haben die Tiere zum Fressen gern. Auch nach einem solchen Angriff können sie verletzt am Boden sein.

Zugvögel

Mauersegler sind Zugvögel. Sie verbringen den Winter nicht bei uns. Nachdem sie ihre Jungen aufgezogen haben, machen sie sich wieder auf den Weg in den Süden. Sie sind Langstreckenzieher. Fachleute unterscheiden Langstreckenzieher und Kurzstreckenzieher. Die Langstreckenzieher verbringen die kalte Jahreszeit in Afrika. Kurzstreckenzieher fligen nicht so weit. Sie verbringen den Winter im Mittelmeerraum.

Magnetfeld

Zugvögel lassen sich bei ihrer Reise in erster Linie durchs Magnetfeld der Erde leiten. In ihren Augen haben sie besondere Organe. Die machen das Erdmagnetfeld für die Tiere sichtbar. Sie finden so ihren Weg. Wir Menschen haben diese Fähigkeit nicht.

WARUM STEHEN GIRAFFEN BEIM TRINKEN BREITBEINIG?

Im Zoo können wir Giraffen mit ein bisschen Glück beim Trinken beobachten. Sie stehen breitbeinig vor der Wasserstelle. Doch warum ist das so?

Giraffen sind die höchsten landlebenden Tiere der Welt. Sie leben in der freien Natur in Afrika. Sie können bis zu sechs Meter groß werden und wiegen durchschnittlich rund 1600 Kilogramm. Sie ernähren sich von Blättern, Trieben und Knospen der Akazienbäume. Die Blätter pflücken sie mit ihrer langen Zunge. Dornen machen ihnen dabei nichts aus. Bis zu 60 Kilogramm müssen sie jeden Tag futtern.

Geburt im Stehen

Ein Baby wächst im Bauch der Mama 14 bis 15 Monate lang, bevor es auf die Welt kommt. Die Geburt erfolgt im Stehen. Das bedeutet, dass die Kleinen erst mal zwei Meter in die Tiefe plumpsen. Das überstehen sie aber ohne Probleme. Bei der Geburt sind sie schon so groß wie ein Mann oder eine Frau. Zunächst trinkt der Nachwuchs Muttermilch. Mit einem halben Jahr dann müssen sich die kleinen Giraffen ebenfalls von den Blättern ernähren.

Lange Beine

Während Giraffen jeden Tag futtern, trinken sie nicht so oft. Etwa alle zwei Tage stehen sie an einer Wasserstelle. Wer das beobachten kann, sieht etwas Ulkiges. Die Giraffen spreizen vorn ihre Beine weit auseinander. Der Grund: Die Beine sind so lang, dass der Hals nicht auf den Boden reicht. Nur in dieser Position kommen die Giraffen weit genug runter, um trinken zu können. Für die Giraffen ist es nicht so gut, sich derart hinstellen zu müssen. Denn in diesem Moment sind sie schlecht vor Feinden geschützt.

Scanne den Code und schau, wie ein Giraffen-Baby auf die Welt kommt.

WARUM SCHLAFEN DELFINE NUR HALB?

Wenn wir schlafen, machen wir beide Augen zu. Bei Delfinen ist das anders. Ein Auge bleibt offen. Warum?

Viele Menschen lieben Delfine. Sie sehen ein bisschen aus, als würden sie immer lächeln. Die Tiere müssen regelmäßig an die Wasseroberfläche schwimmen, um Luft zu holen. Auch dann, wenn sie schlafen.

Wie aber soll das funktionieren? Wer schläft, ist erst mal einige Zeit lang weg. Delfine haben da einen ganz besonderen Trick.

Die Tiere schlafen nur mit einer Gehirnhälfte. Die andere ist wach. Während des Schlafes schließen sie nur ein Auge. Das andere bleibt offen.

Halbseitenschlaf

Mit dem offenen Auge schauen die Delfine nach Hindernissen im Wasser und natürlich auch nach Feinden. Regelmäßig schwimmen die Tiere in dieser Zeit zur Wasseroberfläche, um Luft zu holen. Experten sprechen bei Delfinen vom Halbseitenschlaf.

Schlaf in der Bucht

Wer nur eine Gehirnhälfte nutzt, ist angreifbarer. Denn er ist nicht ganz so aufmerksam wie sonst. Deswegen ziehen Delfine sich in etwas geschütztere Bereiche zurück, wenn sie müde sind und ein Nickerchen machen müssen, zum Beispiel in eine Bucht. Die Delfine wechseln die Gehirnhälfte und das Auge beim Schlafen. Nach gut zwei Stunden kommt es zur Ablösung. So ist das Schlafen weniger anstrengend.

Was machen Delfine?

O Viertelseitenschlaf
O Vollseitenschlaf
O Halbseitenschlaf

WARUM FRIEREN ENTEN NICHT AUF DEM EIS FEST?

Ist ein Teich zugefroren, sitzen Enten und andere Wasservögel einfach auf dem Eis. Warum frieren sie da nicht fest?

Um Wasservögel müssen wir uns im Winter üblicherweise keine Sorgen machen. Ihr Körper ist an solch niedrige Temperaturen angepasst. Die Tiere frieren auf dem Eis nicht fest, obwohl sie barfuß unterwegs sind.

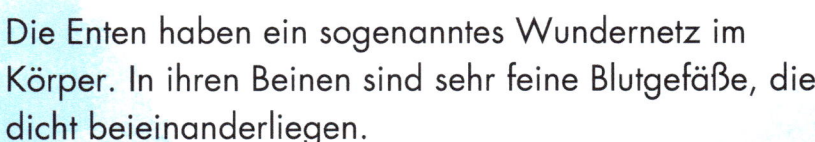

Die Enten haben ein sogenanntes Wundernetz im Körper. In ihren Beinen sind sehr feine Blutgefäße, die dicht beieinanderliegen.

Eiskalte Füße

Während der Körper der Enten etwa 40 Grad Celsius warm ist, haben sie eiskalte Füße. Und genau das ist ihr Geheimnis. Weil die Füße kalt sind, schmelzen sie das Eis nicht. Es entsteht somit kein Wasserfilm, der wiederum frieren könnte. Deswegen frieren die Vögel nicht fest. Im Entenkörper fließt das Blut durch Arterien vom warmen Körper Richtung Füße. Dabei kommt es sehr nah an Venen vorbei, die abgekühltes Blut aus den Füßen wieder zum Körper zurück transportieren. Im Wundernetz der Beine erwärmt das warme Blut das kalte. Und das kalte Blut kühlt das warme Blut ab.

Frostschutzsystem

Die Ente kühlt dadurch weder aus, noch friert sie fest, wenn sie auf dem Teich steht oder dort herumwatschelt. Die Füße sind gut durchblutet. Allerdings mit kaltem Blut. Ein enormer Vorteil für die Enten. Sie haben somit eine Art Frostschutzsystem an Bord.

WARUM FLIEGEN VÖGEL IN V-FORMATION?

V-Formation bedeutet, dass ei
Vogel an der Spitze des Zugs
ist. Die anderen Vögel flieger
dahinter. Und zwar so, dass
es für uns von unten aussieht
wie der Buchstabe „V".

Im Spätsommer und im Herbst
können wir sie am Himmel sehen: Vögel, die in einer
V-Formation fliegen. Warum machen die Tiere das?

Oftmals denken wir Menschen, es handelt sich bei den
Vögeln in V-Formation um Wildgänse. Häufig ist das
auch so. Kraniche, Möwen, Kormorane und Reiher
fliegen aber auch häufig so.

Wir haben es mit verschiedenen Arten am Himmel zu tun. Forscher haben untersucht, warum Vögel in einer V-Formation fliegen, wenn sie im Herbst in den Süden aufbrechen. Dabei haben sie herausgefunden, dass das sehr geschickt von den Tieren ist. Denn sie sparen so enorm Kraft.

Ruderflug

Der erste Vogel an der Spitze des Zugs hat es am schwersten. Er ist dem stärksten Reibungswiderstand in der Luft ausgesetzt. Außerdem hat er es oft mit ungünstigen Strömungen zu tun. So kommt es, dass er eigentlich ständig mit den Flügeln schlägt. Experten nennen dies Ruderflug. Die Vögel dahinter haben es leichter. Der erste Vogel sorgt mit seinem Flug für Luftverwirbelungen. Die können die Vögel im Gefolge nutzen. Sie können streckenweise einfach gleiten, ohne ihre Flügel nutzen zu müssen. Dadurch sparen sie enorm viel Energie. Natürlich ist der erste Vogel irgendwann erschöpft. Deswegen ist jeder mal dran. Wenn er nicht mehr kann, lässt er sich zurückfallen. Ein anderer übernimmt. Manche Menschen glauben, der erste Vogel sei der Anführer. Das stimmt aber nicht, da jeder mal auf dieser Position fliegen kann.

WARUM KÖNNEN EULEN IHREN KOPF SO GUT DREHEN?

Wer schon mal eine Eule gesehen hat, weiß: Die Tiere können ihren Kopf prima drehen. Sie kommen viel weiter als wir. Doch warum?

Menschen können ihren Kopf nach links und nach rechts drehen. Dann ist Schluss. Eulen schaffen drei Viertel eines Kreises, sagen Experten. Wenn eine Eule ihren Kopf rechtsherum dreht, kann sie am Ende nicht nur hinter sich blicken, sondern sogar noch bis auf ihre linke Seite.

Das Geheimnis sind viele Halswirbel. Eulen besitzen 14 Halswirbel, der Mensch und die meisten Säugetiere haben dagegen nur 7. Deshalb schaffen wir es gerade mal, von rechts nach links zu schauen.

Großer Vorteil

Für Eulen ist ihr beweglicher Hals ein großer Vorteil.
Denn Eulen sind Lauerjäger. Um ihre Beute wie
beispielsweise Mäuse nicht zu verschrecken, müssen sie
nachts leise und unauffällig sein, aber dennoch ein
möglichst großes Gebiet überwachen. Deshalb sitzen sie
regungslos da, nur der Kopf dreht sich sanft und lautlos.

Verdeckte Ohren

Die Eulen brauchen noch aus einem anderen Grund
einen sehr beweglichen Hals. Denn sie haben einen
starren Blick. Ihre Augen können sie kaum bewegen.
Wollen sie links oder rechts etwas sehen, dann müssen
sie zwangsläufig den Hals drehen. Doch die Eulen
nutzen zum Jagen nicht nur ihre Augen, obwohl diese
äußerst scharf sind. Bei extremer Dunkelheit müssen die
Tiere sich auch auf ihr Gehör verlassen. Die Ohren der
Eulen sind für uns nicht sichtbar. Sie liegen unter den
Federn.

Schleier

Obwohl Eulen keine abstehenden Ohrmuscheln haben
wie wir Menschen, besitzen sie so etwas Ähnliches: den
sogenannten Schleier. Das sind Federn, die um die
Augen sind. Sie formen eine Art Schalltrichter, der
Geräusche direkt zu den Ohröffnungen leitet. Durch die
Drehung des Kopfes können Eulen ihre Ohren noch
besser nutzen.

Mit ihren Augen und Ohren nehmen sie so das feinste Zucken eines Mäuseschwänzchens oder das leiseste Knuspern an einem Krümel wahr. Sie wissen, wo die Maus ist und können sie fangen. Sie hat kaum eine Chance, denn die Eulen können sehr leise fliegen und mit ihrem beweglichen Hals zudem sehr komplizierte Flugmanöver machen. Der bewegliche Hals ist für die Eulen also enorm wichtig.

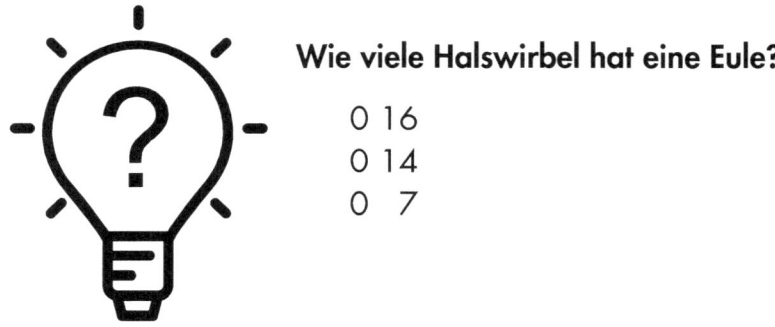

Wie viele Halswirbel hat eine Eule?

0 16
0 14
0 7

1. Wie wird der Ohrenkneifer noch genannt?

2. Wer lebt im Watt?

3. Welches Tier trinkt breitbeinig?

4. Wer nutzt die V-Formation?

5. Welcher Vogel landet selten?

6. Welches Tier kann sprechen?

Auflösung auf der nächsten Seite

115

Crossword puzzle:

2 W A T T W U R M **5** M
A
U
E
R
6 P
A
3 G P
I A
1 Ö H R L A U S
R G E
A E G
F I L
F E
4 V Ö G E L R

116

WARUM LEUCHTEN MANCHE TIERE?

Wird es draußen dämmrig, drehen wir das Licht an. Bestimmte Tiere und Pflanzen machen es ganz ähnlich. Sie können leuchten. Wie funktioniert das?

Forscher sprechen hierbei von Biolumineszenz. In dem Begriff steckt das griechische Wort „biós", was Leben bedeutet, und das lateinische Wort „lumen". Das meint Licht. Biolumineszenz steht somit für die Fähigkeit mancher Tiere und Pflanzen, selbst Licht zu erzeugen. Sie leuchten dann beispielsweise hell in der Dunkelheit, wie das Glühwürmchen. Oder sie schimmern blau-grün am Meeresboden.

Die Tiere erzeugen das Licht zum Beispiel in speziell dafür entwickelten Organen. Oder aber sie haben kleine Helfer, die sie zum Leuchten bringen. Das sind Bakterien, die in ihrem Körper leben.

Bakterien sind winzige Lebewesen. Sie kommen überall vor. Auch wir Menschen haben ständig Kontakt mit ihnen.

Viele leuchtende Tiere finden wir in der Tiefsee. Ihr Licht entsteht dabei über die Reaktion verschiedener Stoffe. Oftmals heißt der lichtgebende Stoff Luciferin. Dieser reagiert mit dem Stoff Luciferase. Dabei nimmt er Sauerstoff auf und wird in einen

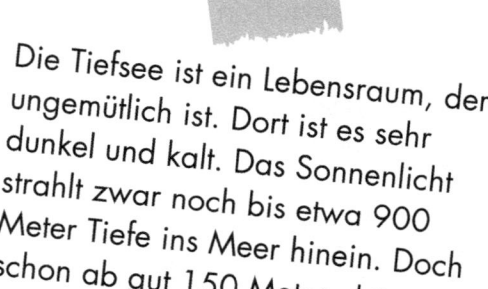

Die Tiefsee ist ein Lebensraum, der ungemütlich ist. Dort ist es sehr dunkel und kalt. Das Sonnenlicht strahlt zwar noch bis etwa 900 Meter Tiefe ins Meer hinein. Doch schon ab gut 150 Metern können Pflanzen kaum noch gedeihen. Weil es tief unten dunkel ist, machen die Tiere ihr eigenes Licht.

energiereicheren Zustand versetzt. Diese zusätzliche Energie wird als Licht wieder abgegeben. Das Besondere: Die Energie wird fast komplett für das Licht beziehungsweise das Leuchten genutzt. Wenn wir zum Beispiel eine Glühlampe einschalten, dann verlieren wir einen großen Teil der Energie als Wärme. Wir spüren das, wenn wir die Glühbirne berühren. Sie wird warm.

Doch warum machen die Tiere das nun? Wollen sie besser sehen und sich besser zurechtfinden? Forscher sagen, die Biolumineszenz hilft den Tieren zum Beispiel beim Anlocken ihrer Beute oder möglicher Partner. Das Licht ist aber auch dafür da, sich untereinander austauschen zu können. Es wird daneben auch genutzt, um Feinde abzuschrecken oder sich selbst zu tarnen, indem das Licht der Umgebung gleicht.

Auch an Land

Leuchtende Tiere kommen zwar häufig im Meer vor. Doch auch an Land können wir sie finden. Zum Glühwürmchen sagen Forscher: Der Name ist irreführend. Denn die Glühwürmchen glühen nicht - so wie beispielsweise Kohle oder der Draht in der Glühlampe. Außerdem sind Glühwürmchen keine Würmer. Es sind Käfer. Wenn sie leuchten, dann strahlt nicht ihr ganzer Körper Licht ab. Die Lichtquelle sitzt am Hinterteil. Auch Pilze im Wald können nachts Licht aussenden. Der Hallimasch beispielsweise bringt abgestorbenes Holz zum Leuchten.

WERDEN SCHNECKEN MIT HAUS GEBOREN?

Wenn Kinder draußen spielen, finden sie manchmal ein Schneckenhäuschen. Doch wie ist das eigentlich? Haben die Tiere das von Geburt an?

Fachleute wissen die Antwort. Sie sagen: Die meisten Schnecken-Arten legen Eier. Diese unterscheiden sich in der Farbe und der Größe. Manche Schnecken packen die Eier in die Erde. Andere kleben sie an Wasserpflanzen, Steine oder Holz. Schlüpfen die Mini-Schnecken dann aus dem Ei, dann haben sie ihr Häuschen schon am Körper.

Solange die Schnecke wächst, wächst auch das Haus mit. Schließlich muss sie darin Platz haben. Ist die Schnecke ausgewachsen, dann bleibt das Haus, wie es ist.

Dickeres Häuschen

Bei manchen Arten hört das Wachstum einfach auf. Bei anderen ist es so, dass neue Schichten unten an der Mündung rankommen. Deswegen ist bei älteren Schnecken das Häuschen dort dann dicker.

Immer dabei

Anders als wir können Schnecken ihr Haus nicht verlassen. Sie haben es immer dabei und können nicht ohne losziehen. Haus und Körper sind fest miteinander verbunden. Wenn wir draußen im Garten ein leeres Schneckenhäuschen finden, dann kommt die Schnecke nicht zurück. Sie lebt dann nicht mehr. Sie kann schon alt gewesen sein. Oder aber sie wurde von einem Feind gefressen.

Frost eine Gefahr

Obwohl Schnecken ein Häuschen haben, müssen sie sich im Winter vor Frost schützen. Sonst würden sie erfrieren. Sie kriechen zum Beispiel ins Moos unter dichtem Gebüsch. Viele verschließen ihr Häuschen mit einem Kalkdeckel. Den können sie später im Frühjahr wieder abwerfen. Manche Schnecken haben kein Häuschen. Diese Nacktschnecken verkriechen sich im Winter in den Boden, wo Frost nicht hinkommt.

Verbinde, was zusammengehört:

WARUM HABEN PFERDE SO LUSTIGE FRISUREN?

Wenn wir an einer Pferdekoppel vorbeigehen, können wir es sehen: Mitunter sind die Tiere geschoren. Quer über den Bauch geht ein Streifen ohne Fell. Warum wird das gemacht?

Die Pferde sehen etwas putzig aus, wenn sie so eine Frisur verpasst bekommen haben. Denn sie haben nicht mehr überall gleichmäßig Fell. So wird beim sogenannten Streifenschnitt zum Beispiel ein Streifen am Hals, an der Brust, dem Bauch und der Hinterhand rasiert. Der Rest des Körpers sieht aus wie immer. Beim sogenannten Deckenschnitt kommt sogar noch mehr ab. Und beim Hunterschnitt bleibt das Fell nur noch am Kopf, an den Beinen und dort, wo der Sattel zum Reiten aufliegt. Bei Pferden gibt es also Frisuren ähnlich wie bei uns Menschen.

Starkes Schwitzen

Doch warum? Wieso ist es nötig, ein Pferd zu scheren? Experten wissen die Antwort. Sie sagen: Sowohl im Frühjahr und Sommer als auch im Winter kann es sein, dass ihre Besitzer sich entscheiden, die Tiere zu scheren. Nämlich dann, wenn die Pferde stark schwitzen. Das Schwitzen ist nicht gut für sie. Sie können sich erkälten.

Winterfell

Wenn es auf den Winter zugeht, dann bekommen Pferde ihr Winterfell. Es schützt sie vor Nässe und auch vor der Kälte. Werden die Pferde allerdings von ihren Besitzern viel bewegt, dann kommen sie schnell ins Schwitzen. Es kann sein, dass sie nach dem Reiten so nass sind, dass es Stunden dauert, bis sie wieder trocken sind. Damit die Tiere nicht krank werden, werden sie trockengeführt, geputzt und bekommen eine Abschwitzdecke aufgelegt. Das alles kostet Zeit und macht Arbeit. Mit der Rasur kann hier gegengesteuert werden.

Leistungsfähiger

Pferde schwitzen besonders stark an der Unterseite des Halses, an der Brust und an der Flanke. Wird hier das Fell abgenommen, haben sie es leichter. Sie sind auch leistungsfähiger.

Auch Nachteile

Wie so oft: Das Scheren bringt aber nicht nur Vorteile, sondern auch Nachteile. So müssen geschorene Pferde eine Decke tragen, wenn sie gerade Pause im Stall oder auf der Weide machen. Dass Pferde auch im Sommer geschoren werden, macht ebenfalls Sinn. Denn ältere Pferde verlieren ihr Winterfell beispielsweise nicht mehr so gut. Wenn es dann richtig heiß wird, dann macht ihnen die Hitze sehr zu schaffen. Mit dem Scheren bekommen sie Linderung.

WARUM MIAUEN KATZEN?

Wer eine Katze hat, weiß: Die Stubentiger miauen gern. Immer wieder werden wir so auf sie aufmerksam. Wieso aber machen die Tiere das?

„Miiiiiiau!" - Katzen sind wie wir Menschen völlig unterschiedlich. Manche sind fast den ganzen Tag über still. Andere kommunizieren lautstark. Wenn Katzen auf die Welt kommen, dann nutzen sie das Miauen, um ihrer Mama etwas zu sagen. Sie signalisieren so, dass sie Hunger haben. Oder, dass ihnen kalt ist und sie Nähe brauchen. Später ist das Miauen eher dafür da, mit uns Menschen in Kontakt zu kommen, sagen Fachleute. Untereinander tauschen die Tiere ein Gurren, aber auch Knurren und Fauchen aus.

Bedürfnisse

Hören Katzenbesitzer ein Miau, dann drückt ihr Tier ein Bedürfnis aus. Die Katze sagt „Hallo", wenn jemand nach Hause kommt. Sie berichtet so, was sie draußen alles erlebt hat. Oder sie macht darauf aufmerksam, dass sie Hunger hat und ihr Napf aufgefüllt werden soll. Experten sagen, dass die Menschen ihre Tiere beobachten sollen. Wirkt die Katze entspannt, dann ist das Miauen dafür da, solche Bedürfnisse zu kommunizieren. Das Miauen kann aber auch auftreten, wenn eine Katze krank ist oder sich sonst gestresst fühlt.

Langweilig

Wenn die Katze ständig miaut, dann gilt es, herauszufinden, was sie hat. Es kann auch sein, dass ihr schlicht langweilig ist. Gerade bei reinen Wohnungskatzen kann das der Fall sein. Sie gehen nicht raus, pirschen nicht umher. Sie erleben wenig. Dann ist es wichtig, die Tiere auch zu beschäftigen. Spielzeug hilft dann beispielsweise. Experten sagen: Katzen lernen recht schnell, dass das Miauen bei uns Menschen wirksam ist. Denn miaut die Katze, beschäftigen wir uns mit ihr. Wir spielen dann zum Beispiel mit ihr oder streicheln sie. Die Katze verknüpft irgendwann, dass wir das eher tun, wenn sie miaut, anstatt ruhig zu sein.

Beschäftigung

Wen das Miauen stört, der sollte von sich aus sich immer wieder mit der Katze beschäftigen. Gut ist es, sie einfach so zu streicheln, mit ihr zu spielen und darauf zu achten, dass ihre Bedürfnisse erfüllt werden. Dann wird sich das Miauen vermutlich nicht so stark ausprägen. Es kann auch sein, dass Katzen einsam sind. Während ihre Menschen an der Arbeit oder in der Schule sind, müssen sie zu Hause warten. Auch dann miauen Katzen gern. Sie fühlen sich einfach nicht wohl. Dies passiert auch, wenn eine Katze in einem anderen Zimmer ist als ihre Besitzer. Sie fühlt sich womöglich ausgeschlossen und verträgt die Trennung nicht. Auch dann wird miaut. Experten sagen, dass Besitzer darauf achten sollen, dass Katzen genügend Gesellschaft haben. Zehn bis zwölf Stunden am Tag sollten sie jemanden haben, an den sie sich auch mal anschmiegen können.

Krankheiten

Auch ältere Katzen neigen dazu, eher mal zu miauen. Hier kann es sein, dass sie körperlich nicht fit sind oder dass eine Demenz beginnt. Demenz gibt es nicht nur bei Tieren, sondern auch bei uns Menschen. Häufig haben ältere Menschen damit zu tun. Sie erinnern sich zum Beispiel nicht daran, was sie am Tag zuvor gemacht haben.

WIE FINDEN EICHHÖRNCHEN IHRE NÜSSE WIEDER?

Im Herbst können wir manchmal Eichhörnchen beobachten, die Nüsse vergraben. Im Park oder im Garten sind sie zu sehen. Wie finden die Tiere das Futter später wieder?

Eichhörnchen halten keinen Winterschlaf so wie die Igel. Wird es draußen kälter, sind sie aber nicht mehr so aktiv. Sie halten Winterruhe und schlafen viel. Damit sie nicht verhungern, stehen sie regelmäßig auf und nehmen Nahrung zu sich.

Ihr Futter haben sie zuvor vergraben. Im Herbst können wir das sehen. Die kleinen putzigen Tiere scharren dabei mit den Vorderpfoten ein Loch frei.

129

Dort legen sie die Nuss ab. Dann stupsen sie sie mit der Schnauze fest und scharren Erde darauf. Noch ein bisschen festdrücken, und schon ist alles perfekt. Wissenschaftler sagen, dass dieses Verhalten angeboren ist. Die Tiere müssen es sich nicht von anderen Eichhörnchen abschauen und erlernen.

Gutes Gedächtnis

Dass die Eichhörnchen später noch wissen, wo ihre Nüsschen liegen, verdanken sie einem guten Ortsgedächtnis. Sie behalten sich, wo sie ihre Löcher gegraben und das Futter versteckt haben. Forscher haben dies in einem Experiment herausgefunden. An einer Stelle, an der die Eichhörnchen ihre Nüsse versteckten, verbuddelten sie selbst ebenfalls Nüsse. Das Ergebnis: Die Eichhörnchen fanden nur ihre eigenen Nüsse wieder. Die anderen blieben im Erdboden.

Nase hilft

Vermutlich orientieren sich die Eichhörnchen an markanten Dingen in der Natur, großen Bäumen zum Beispiel. Auch ihre Nase hilft ihnen beim Auffinden des Futters. Natürlich werden nicht alle Nüsse und Eicheln gefunden. Später wächst an der nicht entdeckten Stelle eine neue Pflanze.

FRESSEN VOGELSPINNEN VÖGEL?

Sie haben behaarte Beine und sind ganz schön groß: Vogelspinnen. Viele Menschen schaudern, wenn sie an die Tiere denken. Doch ist das nötig? Und woher haben die Spinnen eigentlich ihren Namen? Fressen Vogelspinnen Vögel?

Manche Menschen können schon kleine Spinnen nicht leiden. Entdecken sie sie an der Wand oder an der Zimmerdecke, dann schreien sie auf. Sie finden die Krabbeltiere eklig. Für andere sind Spinnen faszinierend. Statt eines Hundes oder einer Katze halten sie sich eine oder mehrere Vogelspinnen.

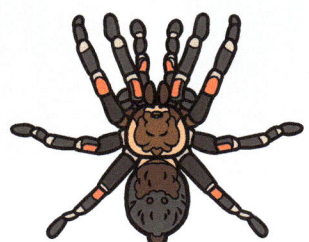

Günstig

Fachleute sagen, dass diese Tiere das perfekte Haustier sind. Denn sie brauchen nicht viel Pflege und sind im Terrarium schön zu beobachten. Außerdem sind sie ruhig, sauber und kosten nicht viel Geld.

Naturforscherin

Ihren Namen soll die Vogelspinne einer Naturforscherin verdanken. Sie hieß Maria Sibylla Merian. Sie schilderte im Jahr 1705 in einem Bericht, was sie auf ihrer Reise nach Surinam beobachtet hatte. Auf einer Seite des Papiers findet der Leser ein Bild von einer großen Spinne. Sie sitzt auf einem Ast und futtert einen Kolibri. Das soll später zu dem Namen geführt haben.

Selten Vögel

Allerdings fressen Vogelspinnen nur selten Vögel. Eigentlich haben sie es eher auf Insekten wie Heuschrecken, Kakerlaken und Grillen abgesehen. Manche mögen auch Tausendfüßer und Skorpione. Nur wenige Arten jagen größere Tiere, wie beispielsweise Echsen oder Schlangen. Insgesamt gibt es etwa 900 verschiedene Vogelspinnenarten.

Ungefährlich

Viele Menschen finden Vogelspinnen eklig, weil sie so groß und behaart sind. Sie fürchten sich vor ihnen. Dabei sind die Tiere üblicherweise nicht gefährlich. Zwar sind alle Vogelspinnenarten giftig. Doch das Gift wirkt meist ähnlich wie bei einer Wespe oder einer Biene, wenn die Tiere uns stechen. Trotzdem aber ist der Biss einer Vogelspinne nicht angenehm. Er tut weh. Das Gift der Vogelspinne sorgt meistens für Hautrötungen und manchmal auch für ein taubes Gefühl. Beides geht aber wieder weg. Wer die Tiere hält, muss also aufpassen, nicht gezwickt zu werden. Gefährlich wird das Gift allerdings, wenn Menschen es nicht vertragen und allergisch darauf reagieren.

Verdauungssaft

Fachleute aber sagen, dass Vogelspinnen uns gar nicht beißen wollen. Sie können es aber, wenn wir sie ärgern und reizen und sie sich bedroht fühlen. Sonst legen sie es nicht darauf an. Das Gift brauchen sie auch nur gelegentlich, um sich zu wehren. Sie nutzen es, um zu essen. Das Gift ist ein Verdauungssaft. Haben Vogelspinnen etwas erjagt, dann spritzen sie das Gift in ihre Beute. Die wird so flüssig, und die Vogelspinnen können sie auslutschen und aussaugen.

Groß wie ein Schulheft

Je nach Art unterscheiden sich die Vogelspinnen aber. Manche leben auf Bäumen, andere auf oder im Boden. Auch sind Vogelspinnen unterschiedlich groß. Während manche nur auf einen Zentimeter kommen, wird die Theraphosa blondi samt ihrer Beine etwa so groß wie ein Schulheft. Sie gilt als die größte Vogelspinne der Welt. Daher hat sie es auch ins Guiness-Buch der Rekorde geschafft. Dort stehen Dinge drin, die auf der Welt einmalig sind oder die zuvor noch nie jemand geschafft hat.

Warme Temperaturen

Vogelspinnen mögen es gern warm. Deswegen kommen sie in allen wärmeren Teilen der Erde vor. Also beispielsweise in Afrika, Amerika und Asien. Aber auch in Europa können wir sie finden. Dort leben sie unter anderem in Spanien.

Ausmalbild

HAHAHA

Zwei Zirkuspferde grasen auf der Wiese und beobachten die anderen Tiere. Sagt das eine: „Guck mal, es ist jetzt 16 Uhr. Und das Zebra hat immer noch seinen Schlafanzug an."

Platz für deine Notizen

Platz für deine Notizen